U0143209

"双碳"目标背景下
浙江省低碳转型发展研究

董雪旺　智瑞芝等　著

科　学　出　版　社

北　京

内 容 简 介

本书首先通过挖掘浙江省投入产出表数据资源，从生产角度核算浙江省各产业部门的能源消耗和碳排放量，评估各产业部门的高碳/低碳属性，划分各产业部门的碳排放责任，为浙江省产业结构调整优化提供数据支撑。其次，从消费角度核算浙江省居民消费碳足迹，采用问卷调查的技术手段，调查居民低碳消费行为及其影响因素。再次，以条件价值法为理论基础，调查消费者的碳补偿支付意愿及其影响因素。最后，提出浙江省节能减排、产业结构调整、低碳生活、绿色发展的政策建议。

本书对实现碳达峰、碳中和目标的核心关键问题进行了系统分析，可供关注低碳减排、低碳消费等领域的科研工作者、社会公众、管理人员、高校师生阅读参考，对于政府部门和相关领域的专业人员制定相关政策、开展具体实践部署也具有一定的参考价值。

图书在版编目（CIP）数据

"双碳"目标背景下浙江省低碳转型发展研究／董雪旺等著.
北京：科学出版社，2024.6. -- ISBN 978-7-03-078960-0

Ⅰ．F127.55

中国国家版本馆 CIP 数据核字第 2024J1Z406 号

责任编辑：李晓娟／责任校对：樊雅琼
责任印制：徐晓晨／封面设计：无极书装

科学出版社 出版
北京东黄城根北街 16 号
邮政编码：100717
http://www.sciencep.com

北京中石油彩色印刷有限责任公司印刷
科学出版社发行　各地新华书店经销
*
2024 年 6 月第 一 版　开本：720×1000　1/16
2024 年 6 月第一次印刷　印张：12
字数：250 000
定价：168.00 元
（如有印装质量问题，我社负责调换）

前　言

　　全球气候变化是当前人类社会面临的最大威胁之一，合作应对气候变化的挑战已成为国际社会广泛共识。合作应对气候变化的核心是减缓人为活动的温室气体排放，尤其是化石能源消费的二氧化碳排放，由此可推动世界范围内经济发展方式和生活方式的低碳转型。低碳转型既要推动新质生产力、保障经济社会高质量发展，又要建设生态文明、实现人与自然和谐共生；既要考虑我国国情、能力和现代化进程，又要承担与我国的综合国力和国际地位相一致的国际责任，为构建人类命运共同体作出中国贡献。因此，党的二十大报告指出，实现碳达峰碳中和是一场广泛而深刻的经济社会系统性变革：一方面，要加快发展方式绿色转型，推动经济发展绿色化、低碳化，推动产业结构、能源结构、交通运输结构等调整优化；另一方面，要倡导绿色消费，推动形成绿色低碳的生活方式。浙江省是孕育"两山"理论、践行绿色发展的先行地区，研究以节能减排为主的绿色发展和低碳转型，具有重要意义。

　　基于此，本书以浙江省为研究对象，从生产端和消费端进行综合集成研究：采用投入产出分析方法，利用浙江省2002年、2007年、2012年、2017年四个时间截面的投入产出表数据，测算各产业部门的能源消耗和碳排放，采用碳排放系数定量评价各产业部门的高碳/低碳属性，根据共同责任原则划分各产业部门的减排责任，分析其时间演化特征，为结构减排提供依据；从消费端对浙江省居民消费碳足迹的影响因素进行分解，并调查浙江省居民的低碳消费意愿和碳补偿的支付意愿，为低碳消费提供政策启示。最后，提出浙江省调整产业结构、推进节能减排、推广绿色生活、实现低碳转型的政策建议和可能路径。

　　本书是在教育部人文社会科学研究项目"生态文明视阈下居民低碳消费意愿测度研究"、中国博士后科学基金"中国居民消费的碳足迹估算及低碳消费模式研究"、浙江省软科学研究计划项目"浙江省产业结构调整优化研究——基于能源消耗和碳排放的投入产出分析"、浙江省统计局课题"浙江省能源消费及碳排放与产业结构调整研究——基于投入产出表的数据分析"、浙江省社科联研究课题"浙江省居民消费碳足迹测度及责任分担研究"的联合资助下完成的。丰霞、黄华婷、邵梦婷、张柴、章素圆等同学，在问卷调查、数据处理、书稿整理的过程中做了大量工作，在此一并致谢。

2024 年 3 月 20 日

|目　　录|

第1章 绪 言

1.1 研 究 背 景

能源是国民经济发展的物质基础，能源消耗又与全球气候变化、空气质量等环境问题密切相关。能源消耗及其带来的生态环境影响，已成为全面建成小康社会中需要着重考虑的重大问题。节能减排既是我国对国际社会的重要承诺，也是经济、社会和环境发展的必然要求。

全球气候变化是当今世界面临的最富挑战性的问题之一。联合国政府间气候变化专门委员会（IPCC，2014）第五次气候变化评估报告指出，人类对气候系统的影响是明确的，人类活动极可能（95%以上可能性）是造成20世纪中叶以来全球变暖的主要原因。随着政界和科学界对CO_2等温室气体排放和气候变化之间相互关系认识的深入，要求国际社会采取对策、提高能源利用效率、限制和减少CO_2等温室气体排放的呼声也越来越高。

面对资源约束趋紧、环境污染严重、生态系统退化的严峻形势，根据《国民经济和社会发展第十三个五年规划纲要》，要实现经济保持增长、人民生活水平提高、生态环境质量改善等发展目标，必须牢固树立绿色发展理念。纲要提出要"有效控制电力、钢铁、建材、化工等重点行业碳排放，推进工业、能源、建筑、交通等重点领域低碳发展"。

浙江省是经济大省，同时也是能源小省，一次能源自给率不足5%。继续沿袭传统的经济发展模式，以资源的大量消耗和环境的污染为前提的经济发展模式已经不能适应浙江省的进一步发展，与建设"两富""两美"浙江的发展目标不相适应。浙江省是中国革命红船启航地、改革开放先行地、习近平新时代中国特色社会主义思想重要萌发地，是孕育"两山"理论、践行绿色发展的地区。"八八战略"指出，要"进一步发挥浙江的生态优势，创造生态省，打造'绿色浙江'"。浙江省被赋予"努力成为新时代全面展示中国特色社会主义制度优越性的重要窗口"的新定位，肩负着生态文明建设示范区的重要责任。在此背景下，推进以节能减排为主的绿色发展，推行以低碳生活为主的绿色生活，具有重要意义。

1.2 研究意义

1.2.1 双视角完善温室气体排放理论

碳排放状况分析及因素分解有利于了解碳排放的轨迹和根源，从而为制定有针对性的碳减排政策奠定基础（沈满洪等，2011）。已有的温室气体核算研究大多着眼于"属地责任"（territorial responsibility）原则，是一种生产法（production-based）的研究视角，关注工业化和城市化驱动下的碳排放，只能够明确排放事实，而不利于确定排放责任（樊杰等，2010）；而较少从需求驱动的视角，研究居民消费的全球暖化效应。事实上居民生活能源消耗已成为城市第二大碳排放部门（丁凡琳等，2019）。本书从生产法和消费法（consumption-based）两个角度，从"共同分担责任"（shared responsibility）的新视角分配碳排放责任，并探讨浙江省居民低碳消费的行为意愿及碳补偿的支付意愿，完善温室气体排放的科学理论。

1.2.2 从生产侧关注碳减排薄弱环节

《浙江省国民经济和社会发展第十三个五年规划纲要》提出"能源资源开发使用效率大幅提高，能源和水资源消耗、建设用地、碳排放总量得到有效控制，主要污染物总量大幅减少""落实能源和水资源消耗、建设用地等总量和强度双控行动""遏制高耗能行业过快增长，淘汰落后过剩产能"，并且要"积极应对气候变化。严格控制温室气体排放，发展低碳产业"。要摆脱对粗放型增长的依赖，打造先进制造业基地，发展现代服务业，积极推动产业结构高度化，大力发展信息、环保、健康、旅游、时尚、金融、高端装备制造和文化产业，加快形成以八大万亿产业为支柱的产业体系。什么样的产业结构能够推进节能减排战略实施？对这一问题的回答需要翔实的数据支撑。进一步界定各产业部门的能耗及碳排放责任，将会更有力地指导和帮助政策制定者制定合理的节能减排政策。因此，对各产业部门的节能减排责任进行准确的界定和衡量，对于协调节能减排与经济发展两个基本战略目标具有重要的理论和实践意义。

1.2.3　从消费侧协调节能减排与经济发展

人类解决环境问题的历史表明，单靠市场的力量，难以应对全球气候变化日益严峻的形势，全球变化问题有可能成为"人类历史上规模最大、范围最广的市场失灵"（Stern，2007）。因此，迫切需要采取有效的政策来修正市场失灵。然而，应对气候变化不应以抑制人们的消费需求和国民经济的健康发展为代价。因此，"气候变化归根到底是发展问题"。那么，如何协调节能减排与拉动内需这两个基本战略目标？党的十八大报告指出，要"同国际社会一道积极应对全球气候变化"，着力推进低碳发展，形成节约资源和保护环境的空间格局、产业结构、生产方式、生活方式，形成合理消费的社会风尚。为此，需要探讨消费者的碳补偿支付意愿，拓展绿色发展的政策工具。理论上，碳减排的政策工具既可选择庇古手段——碳税，也可选择科斯手段——碳市场（沈满洪等，2011）。与生产侧征收碳税遇到的阻力相比，碳市场手段是一种更加灵活的弹性机制。本书在明确消费碳足迹（carbon footprint）排放责任的基础上，从碳市场入手，探讨消费者的低碳消费行为和碳补偿支付意愿，丰富低碳经济的理论内涵。

1.3　研　究　内　容

1.3.1　从生产侧核算各产业部门能源消耗与碳排放

充分挖掘浙江省投入产出表数据资源，结合能源统计年鉴、国家温室气体清单等数据资料，编制浙江省能源消耗与碳排放的投入产出表；利用投入产出表中各产业部门对能源部门的直接消耗系数或完全消耗系数，计算出各产业部门对某种能源的直接消耗或全生命周期消耗；然后估算出时间序列上浙江省能源消耗和碳排放量。

1.3.2 通过碳排放系数评估各产业部门的高碳/低碳属性

各产业部门的能源消耗和碳排放都是总量指标，不能直观地反映某一产业的碳属性。为此，本书中引入了碳排放系数的概念。在经济活动中，产业部门之间进行生产与消费活动是由供应链的上游延续至下游，并结束于最终消费，在此过程中会产生相应的能源消耗和碳排放，而这些能耗和碳排放又随着产业部门间的生产与消费活动依次由上游产业部门转移到下游产业部门，直到最终消费。本书基于投入产出数据和能源统计数据，计算各产业部门的碳排放系数，以此对各产业的碳排放特征进行分析与比较。部分产业直接排放系数靠后、完全排放系数居前，属于碳排放较为隐蔽的产业；部分产业的两系数都居前，属于碳排放较为明显的产业。立足于节能减排的角度，这两类产业都是控制能耗和碳排放的重要产业。直接排放系数和完全排放系数之间的差异，反映了产业隐蔽的间接排放。

1.3.3 划分各产业部门的碳排放责任

根据"谁污染谁付费"（polluter pays）原则，工业生产的环境影响、碳排放责任都归咎于生产者（即产业或企业）。在能源的消费、污染的排放等核算方面的统计工作中，环境影响被视为工业生产过程的必然结果，而主导工业生产过程的生产者理应承担污染责任和排放责任。实践中，小到一个公司的环境污染报告清单，大到一个国家的温室气体清单，都遵循生产者责任（producer responsibility）原则。例如，IPCC 制定的国家温室气体清单，就是基于产品生产国负责而制定的。这符合 IPCC 等国际组织和《京都议定书》等国际公约公认的"属地责任"原则。

不过，按照"谁受益谁补偿"（beneficiary pays）原则，消费者也应该承担责任（consumer responsibility）。那么，消费者应该承担多少责任？理论上，合理的模式应该是"共同分担责任"原则。进一步细化，在经济活动中，产业部门之间进行生产与消费活动是由供应链的上游延续至下游，在此过程中会产生相应的能源消耗和碳排放，而这些能耗和碳排放又随着产业部门间的生产与消费活动依次由上游产业部门转移到下游产业部门。因此，需要计算碳排放责任在各产业部门间的分担，分析产业部门之间进行生产与消费活动产生内含碳排放的间接效应及其部分转移机制。在此基础上，对产业部门的碳减排责任进行分析，并且进一步界定各产业部门的生产者碳减排责任与消费者碳减排责任。根据投入产出模型计算各产业部门的碳减排责任（包括生产者碳减排责任与消费者碳减排责任），分别从生产者碳减排责任和消费者碳减排责任的角度对各产业部门的能源消费和碳排责任进行纵向比较。接下来，以生产者碳减排责任与消费者碳减排责任的比例分配对各产业部门的碳减排责任进行横向比较，分别对各产业部门的生产者碳减排责任与消费者碳减排责任进行加总，可以得出总生产者碳减排责任和总消费者碳减排责任。

1.3.4　从消费侧核算居民能源消耗与碳足迹

从供应链的角度看，居民消费的碳足迹可以分为直接碳足迹和全生命周期碳足迹（包括直接碳足迹和间接碳足迹），各种核算口径可以根据实际情况分别应用于不同的研究目的。本书拟采用投入产出表中的直接消耗系数和完全消耗系数来测度居民消费的直接碳足迹和全生命周期碳足迹。

1.3.5　浙江省居民绿色低碳消费行为及碳补偿支付意愿

已有研究多集中在生产驱动视角上，注重企业和政府在碳减排中的作用，如通过产业结构调整升级、科技创新、政策保障等方式降低碳排放（熊娜等，2021；张贤等，2021；曹翔和高珊，2021；李治国和王杰，2021；曾海鹰和岳欢，2022；牛宝春等，2022），较少从需求驱动视角研究居民消费的全球暖化效应。因此，本书从消费者视角出发，采用问卷调查手段，研究浙江省居民的低碳消费行为及其碳补偿支付意愿，并通过构建理论模型分析其影响因素。

研究显示，许多消费者并不愿意因绿色发展而改变自己的生活方式，但愿意为此支付一定的费用。因此，碳补偿（carbon compensation）有助于提升应对气候变化的能力。相对于碳税等强制型减排手段，碳补偿是一种自愿型减排机制。由于碳补偿市场没有充分发育，不能清晰地传递消费者对碳补偿的支付意愿。这种状态下的碳补偿产品就带有公共物品的性质，可以使用公共物品估价中常用的陈述偏好法来调查其支付意愿。本书以陈述偏好法中的条件价值法（contingent valuation method，CVM）为理论基础并进行适当修正，采用问卷调查和深度访谈的技术手段，调查消费者的碳补偿支付意愿（willingness to pay，WTP），并分析其影响因素。

1.3.6 提出浙江省绿色发展的政策建议

在生产侧和消费侧分析的基础上，提出浙江省节能减排、产业结构调整、低碳生活、绿色发展的政策建议。

1.4 研究方法

1.4.1 数据采集方法：一手数据与二手数据相结合

碳足迹测度的数据资料：以二手资料为主。碳排放和碳足迹测算以二手资料为主，深入挖掘投入产出表、各类统计年鉴等已有数据，采用一种主要依靠挖掘现有二手数据而不增加额外工作量的测度方法。碳排放和碳足迹的测度有两种路径：自下而上（bottom-up based）和自上而下（top-down based）。前者是一种"白箱"式的研究方法，结构、机制清晰，但完整性较差，适用于微观尺度；后者是一种"黑箱"式的研究方法，可以克服截断误差。因此，本书采用投入产出分析方法来测度。数据来源为统计年鉴、投入产出表、能源统计年鉴等已有数据。其中，各种统计年鉴每年发布；投入产出表逢2、逢7每五年编制，本书所采用的投入产出表为2002年、2007年、2012年、2017年投入产出表。

低碳消费行为和碳补偿支付意愿的数据资料主要采用一手数据，依靠问卷调查和深度访谈来获取。

1.4.2 数据分析方法：定量分析与质性研究相结合的方法

运用投入产出分析方法，对碳排放和消费碳足迹进行定量测度，并分配其排放责任；运用结构方程模型对消费者的低碳消费行为影响因素进行定量分析；运用条件价值法以及 Logistic 模型等技术工具，对消费者的碳补偿支付意愿进行定量分析；同时，采用质性分析方法，探讨区域碳补偿的机制和低碳绿色发展路径，从而将定量分析与质性分析结合起来。

1.5　研究思路和技术路线

本书的思路遵循"理论分析—实证研究—理论总结"的一般框架，技术路线如图 1-1 所示。本书研究思路如下：首先，通过文献梳理，构建区域碳排放和

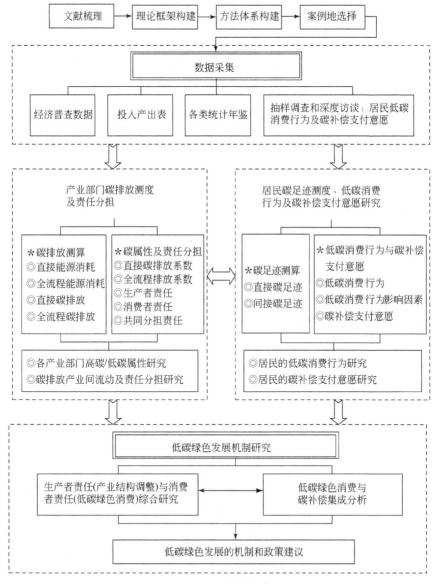

图 1-1　本书研究的技术路线

碳足迹测度与责任分担、低碳消费行为，以及碳补偿研究的理论框架和方法体系；其次，根据浙江省实际情况，采集研究所需的数据资料，采用投入产出法测度浙江省各产业部门的碳排放和居民消费碳足迹，明确各产业的高碳/低碳属性，并分配其排放责任；再次，利用结构方程模型研究影响居民低碳消费行为的影响因素；接着采用条件价值法和 Logistic 模型调查居民碳补偿支付意愿；最后，通过理论总结和归纳，对碳足迹和碳补偿进行综合集成分析，得出区域绿色发展的机制和政策建议。

1.6 可能的创新

1.6.1 研究视角创新

已有研究大多基于直接能源消耗和碳排放，采用碳强度来衡量各产业部门能耗和高碳/低碳属性。本书基于"产业关联"和"全产业链"的视角，采用完全消耗系数测算各产业部门的完全能源消耗和碳排放，并刻画能源与碳排放在各产业部门之间的转移和流动，能更准确地表征各产业部门在经济发展中的能耗和碳排放责任。另外，节能减排关联系数大小及排序不仅与产业自身的能耗率、碳排放率有关，还与产业间的投入产出关联效应有关。据此，本书基于"产业关联"的理论视角，提出节能减排工作不能局限于降低单个产业的能耗和碳排放，而应综合治理，推动产业结构高度化。

1.6.2 研究方法创新

已有研究大多是基于生产法，着眼于"碳排放"，只能够明确排放事实，而未能探讨排放责任。本书将产业的碳排放和居民消费的"碳足迹"结合起来，增加了"消费者责任"的研究视角；然后将"生产者责任"和"消费者责任"结合起来，基于"共同分担责任"的理论视角，对排放责任在生产者（及其内部）和消费者（及其内部）之间进行合理分配，可以为低碳绿色发展研究提供依据。

1.6.3　研究思路创新

　　碳足迹研究是碳补偿研究的事实基础，碳补偿研究是碳足迹研究的合理延伸。因此，本书将二者结合起来进行集成研究，在科学测度碳足迹的基础上，探讨低碳消费行为和碳补偿支付意愿，并进行碳补偿的机制设计，建立实证分析与规范分析相结合的碳补偿机制理论构架，研究结果更有针对性和说服力。

第2章 | 低碳发展研究综述

2.1 碳排放研究

在国外，研究能源、环境、碳排放问题的文献很多，历史也很悠久。Proops（1996）基于十个部门的投入产出表，构建投入产出模型模拟最终需求与经济、能源、环境这三者之间的关系。Weber 和 Perrels（2000）运用投入产出模型、情景分析法等研究了生活模式的变化对能源需求及相应的气体排放的影响。Breuil（1992）用投入产出法对 1986~1989 年法国的硫化物、氮化物的排放情况进行理论预测，并将结果与一般污染数据进行推算估计比较。Miller 和 Blair（2009）利用投入产出技术及统计分析的方法对能源消费和环境污染进行了分析，从这个角度探索了经济发展、能源消耗以及环境污染之间的影响和关系。Hastuti 等（2021）利用投入产出分析框架，分析印度尼西亚二氧化碳排放变化的主要驱动因素。在碳排放测度方法上，Rodrigues 等（2006）利用投入产出分析法分析了间接效应的全部转移，并以此为依据提出了消费者和生产者碳减排责任的新算法。

在国内，王海建（1999）运用投入产出分析方法，借助中国 1987 年和 1992 年的 18 部门能源经济投入产出表，以 1990 年不变计价，分析了各部门生产技术结构变动、最终需求结构变动对能源需求变动的影响。雷明（2001）将能源部门从传统产业中分离出来，构造了 1992 年的"资源-能源-经济-环境"综合投入产出表。在此基础上，对中国绿色税费（环境税费）的价格效应进行了核算分析，并提出了对未来环境费改税的政策建议。沈利生（2010）以我国 2002 年投入产出表为基础，参照当时经济发展下的最终产品结构情况，依据历史数据估算出不同的经济增长方案，预测出 2010 年的最终产品结构及规模，并结合若干高耗能工业 2004~2010 年的节能方案，调整各产业的直接能源消耗系数，利用投入产出模型，从结构节能、技术节能两个方面细致分析了实现单位产值能耗下降

20%的目标的方法。李诚（2010）以投入产出表和能源表为基础，构建了我国部门间能源消耗与污染气体排放的数据表，得出了部门能源消耗和气体排放值，分析了我国能源消耗和环境气体排放的部门间差异。魏一鸣（2007）运用多地区投入产出分析法，分析了不同的技术、经济发展路线下投资率、能源价格、技术进步等对能源需求和能源强度的影响。张炎治等（2007）利用九块式能源投入产出表，将整个能源经济系统划分为一次、二次能源部门和非能源部门，编制基年能源投入产出表并预测目标年份的能源投入产出，预测未来一次能源消费总量和分量。张炎治等（2010）以行业最终需求为决策变量，把 2010 年能源强度最小作为目标，基于投入产出方法构建了能源非线性优化模型，针对不同的情景设定，认为只有实行强化节能情景才能实现节能目标。

在能源投入产出模型方面，陈锡康（1981）在实物性投入产出表的基础上阐述了能源投入产出表的基本表达式以及直接和完全能耗系数的计算方法。王会娟等（2010）对实物型、混合型、含能源实物流量的价值型三种投入产出模型进行了总结概述，并改进了直接、完全能耗系数的计算方法。郝苏霞（2010）研究了能源实物价值型投入产出表的编制方法和过程，并对其应用进行了介绍。严春晓等（2018）基于投入产出模型，提出编制能源–环境投入产出表的可能性，并以河北省为例，给出了完全治污、产污与排污系数和最终消费的污染治理系数计算方法。

Weber 和 Perrels（2000）运用投入产出模型研究了能源需求及相应的温室气体排放。Rodrigues 等（2006）利用投入产出分析法分析了间接效应的全部转移，并以此为依据提出了生产者碳减排责任的新算法。徐盈之和邹芳（2010）对各种方法进行了综述，提出基于投入产出分析的改进的碳减排责任估算方法。夏炎和吴洁（2018）通过建立多区域投入产出模型，分析我国国内与国际贸易中的隐含碳，借以估计在不同环境责任下的减排成本。

在投入产出分析中，一般通过计算影响力和感应度系数来反映某部门对整个经济的拉动和推动作用。但是，感应度系数在理论界一直存在质疑。因为完全消耗系数同直接消耗系数一样是建立在列向计算的原则之上的，然而，感应度的计算却对完全消耗系数进行了行向相加，违背了列向计算原则，经济意义模糊。针对此问题，刘起运（2002）、中国投入产出学会课题组（2007）、肖皓和朱俏（2015）、Wen 和 Wang（2019）均提出了改进建议，并提出了各种改进的影响力吸收、感应度系数等，可用以表征某一产业的能源、经济、环境综合效益和影响。

2.2　碳足迹研究

虽然有学者将碳足迹视作生态足迹（ecological footprint）的一部分，用面积单位来表达（Browne et al.，2009），但更普遍的看法倾向于用温室气体的质量来表示碳足迹[①]。按照这种理解，碳足迹似乎就是碳排放的同义语。然而，与碳排放相比，碳足迹有两点特定内涵：首先，碳排放一般是从生产的角度定义的，是生产者责任的体现，而碳足迹从终端消费的研究视角，更重视消费者责任；其次，基于生命周期评价（life cycle assessment，LCA）的思想，"足迹"这一概念本质上包含某一行为离开之后的所有"轨迹"，更强调全生命周期的过程分析（樊杰等，2010；柳君波等，2022）。

一直以来，国际社会基本都采用"生产者责任"作为气候政策制定的基本依据。然而，根据生态足迹的思想，经济活动的生态影响应当归因于对自然产品和服务的消费（Wackernagel and Rees，1996），所以污染排放责任的认定应当考虑其最终的驱动者，即消费者的责任。至于全生命周期的视角，可以从两个方向来表达：自下而上的过程分析方法（process analysis，PA）和自上而下的投入产出分析的方法（input-output analysis，IOA）。过程分析是一种生命周期评价方法，能够获得碳排放的更多细节，但可能导致截断误差，而且需要艰巨的数据搜集和转换工作（张琦峰等，2018）。投入产出分析在完整性方面优于过程分析，能够有效避免截断误差和数据转换（Wiedmann et al.，2010）。

当前，产品和企业的碳足迹核算在理论和方法上已经比较成熟。不过，已有的碳足迹研究仍然深受"生产法"和"属地责任"思想的影响，城市、区域和国家的碳足迹研究较为丰富，而从某类人群或某种消费活动（如家庭消费）的视角展开的研究比较薄弱。

2.3　温室气体排放责任划分研究

根据公平性原则，环境责任的分担应当从受益者的角度出发，在二氧化碳排

---

① 见英国标准协会、节碳基金和英国环境、食品与农村事务部 2008 年发布的标准 PAS 2050《产品与服务生命周期温室气体排放评估规范》。

放中不应该只考虑直接排放的生产者责任，考虑最终受益的消费者责任也是必要而合理的。由于消费是引起环境压力的主要驱动因素之一，有学者认为消费者应该对产品生产过程中产生的温室气体排放负责。因此，自从消费者责任理论在气候变化领域提出以来，基于消费法的碳足迹核算日益成为政策制定的分析基础（Ferng，2003；Bastianoni et al.，2004；史亚东，2012；秦昌才和刘树林，2013；余晓泓和徐苗，2017；崔盼盼等，2020）。

根据通行的"谁污染谁付费"理论，可以推论出"生产者责任"原则，这同时也符合 IPCC 等国际组织和《京都议定书》等国际公约公认的"属地责任"原则。而按照"谁受益谁补偿"原则，消费者也应该承担责任。那么，消费者应该承担多少责任？理论上，合理的模式应该是"共同分担责任"原则。Ferng（2003）提出了在"消费–受益"原则和"生产–受益"原则之间进行加权的方式来分担责任，但被认为存在重复计算的缺陷；Bastianoni 等（2004）提出了利用碳排放增加（carbon emission added，CEA）方法来分担两者责任，在理论上可行却缺乏相应的实践可能；Lenzen 等（2007）在依据产业链记录生产者和消费者碳排放责任时也采取了加权的方式，选取的权重是各环节增加值占产业外部投入的比重。

2.4　绿色低碳消费研究

从"消费者责任"的视角来看，消费者的态度和行为是低碳经济发展的关键因素。国内外的相关研究主要集中在几个方面。

一是低碳消费行为的理论基础和影响因素研究。社会心理学对低碳消费行为的理解存在两种观点：一种观点认为行为是个体内部过程和特征的函数，包括生态价值理论（ecological value theory）与价值、信念、规范理论（value belief norm theory），如 Stern（2000）认为个人价值、生态世界观、对价值对象的负面后果、对减少威胁的感知能力和亲环境的个人规范五种因素决定人们的亲环境行为；但也有相反的研究结果，如具有高度亲环境态度的消费者，其碳排放水平却是最高的（Gatersleben et al.，2002）。另一种观点则认为行为是个体外部过程和特征的函数，包括说服理论、社会学习理论和社会符号与认同理论，研究发现消费者对环境的信念和态度对消费方式并没有显著影响，而经济上的节约和能源利用方式比环境因素更具激励作用（Dwyer et al.，1993）。学者们通常认为消费者的心理意识和制度、政策是影响低碳消费的重要因素，但对其影响效果却有不同看法（申嫦娥等，2016；滕玉华等，2017）。另外，人口统计学变量也会影响到消费者的低碳消费行为，但关于其影响程度和效果则没有取得一致意见。

二是低碳消费行为的干预机制研究。内部性观点的方法提倡通过提高低碳意识、提供低碳信息和广告宣传来激发亲环境的态度。然而，研究发现，虽然消费者开始关心气候变化，但是他们却并不愿意改变日常高碳消费行为去解决气候变化问题（Goldblatt，2005）。相反，外部性观点的方法倾向于在制度上将行为改变与激励措施结合起来，为低碳行为的形成创建一个良好的外部条件。一些学者试图将两种观点整合起来，以"态度–行为–情境模型"（attitude-behavior-context model）最具代表性（Stern，2000）；王建明和王俊豪（2011）基于扎根理论对消费者低碳消费行为的影响因素和政策干预路径的研究也是一个很有启发性的研究案例。

三是个体低碳消费研究。学者们更多关注的是某一类或者某几类低碳消费，主要有废弃物回收利用行为（曲英，2011；蒋琳莉等，2014；问锦尚等，2019；Esfandiar et al.，2020）、低碳产品购买行为（Schwepker Jr and Cornwell，1991；孟艾红，2011；张露和郭晴，2015）、低碳出行行为（马静等，2011；曹小曙等，2015；Morris and Guerra，2015）等，但是很少有学者综合考虑低碳消费行为。

2.5 碳补偿研究

研究显示，许多消费者并不愿意因气候变化而改变自己的生活方式（Hooper et al.，2008；Gössling et al.，2009），但越来越多的人愿意为减缓气候变化支付一定的费用（Anable et al.，2006）。因此，碳补偿有助于提升应对气候变化的能力（Boon et al.，2007；Harris，2007）。

相对于碳税等强制型减排手段，碳补偿是一种自愿型减排机制。国内外关于碳补偿的研究主要集中在以下几个方面：碳补偿价格的计算和度量、碳补偿的影响因素（Taiyab，2006；Jacobsen，2011；Kollmuss and Agyeman，2002；刘鹤和范莉莉，2018；齐绍洲等，2019）、碳补偿的机制设计（Moura-Costa and Stuart，1998；Wilman and Mahendrarajah，2002；张琰等，2017）、碳补偿的减排效果（Yamin，2005；Schneider，2007；Mignone et al.，2009；Gillenwater et al.，2007）等方面。由于碳补偿市场没有充分发育，不能清晰地传递消费者对碳补偿的支付意愿。这种状态下的碳补偿产品就带有公共物品的性质，可以使用公共物品估价中常用的自述偏好法来评估其价值（Nomura and Akai，2004；Akter et al.，2009；Macintosh and Wallace，2009；曾贤刚，2011；周艳菊等，2016）。

然而，也有学者对碳补偿的有效性进行质疑。Akter 等（2009）认为态度与行为之间存在差异；而且，碳补偿对气候变化的减缓潜力不大，原因在于实际的碳补偿行为与消费者的碳足迹之间存在很大差距（Daley and Preston，2009）。另外，有研究发现，碳补偿使得某些消费者找到了继续高碳生活方式的借口（Gössling et al.，2007；Eijgelaar，2011），这无疑削弱了碳补偿的效力。

2.6 研究述评

总体而言，国内外相关研究已有较好的基础，但还存在一些薄弱领域。

碳排放和碳足迹测度研究：从研究目的来看，研究排放事实的多（测度研究），而探讨排放责任（责任分担研究）的少；从研究方法上看，现有的测度大多采用自下而上的方法，自上而下的研究不多见，容易产生较大的截断误差；从核算口径上看，有些核算口径是直接排放，而另一些则是全生命周期排放，不同研究之间不具有可比性。

责任分担研究：现有的关于碳排放责任的研究主要是从国家、地区或经济体之间的责任分配展开，具体到行业部门的碳排放责任分配研究尚未成熟（Wang and Zuo，2015），并且大多研究基于"生产者"角度测定碳排放责任，未能从整条产业链视角出发，容易产生"碳泄露"等问题。在全产业链中，任何部门都会同时接受来自上游产业部门的碳排放，以及向下游产业部门转移碳排放，两个过程同时进行。在实际生产消费中，来自上游部门的碳排放并不能完全转移到下游部门，本产业部门也会产生新的碳排放一起转移给下游部门。因此，将滞留在部门内部的碳排放界定为生产环节应承担的碳排放责任，而转移到下游部门的碳排放界定为消费环节应承担的碳排放责任。

低碳行为意愿和碳补偿支付意愿研究：从研究视角来看，更多的是从供给方（企业）角度进行研究，从需求方对消费者的低碳行为意愿的研究不多；从研究方法来看，定性描述多、定量研究少；从研究结论来看，消费者低碳消费行为的影响因素的研究，存在较大的不确定性，各种研究结果相互矛盾；从个体低碳消费行为对象来看，很少有学者综合考虑个体一般低碳消费行为。

第3章 浙江省各产业部门能源消耗和碳排放测算

3.1 测算步骤

在《2006 年 IPCC 国家温室气体清单指南》基准方法中，测度化石燃料燃烧排放的 CO_2 的方法分为以下 5 个步骤。

3.1.1 估算能源表观消费量

能源平衡表不能提供分产业的详细微观数据，利用投入产出表中的各行业部门的细分数据和能源价格，可以估算出各产业部门在生产活动中对某种能源的直接消耗量和全流程消耗量，即

$$AC_{jk} = \frac{V_j \times A_{ij} \times r_{ik}}{P_k} \tag{3-1}$$

或

$$BC_{jk} = \frac{V_j \times B_{ij} \times r_{ik}}{P_k} \tag{3-2}$$

式中，AC_{jk} 为以原始单位表示的部门 j 对能源 k 的表观消费量（直接消耗）；BC_{jk} 为以原始单位表示的部门 j 对能源 k 的表观消费量（全流程消耗），$k=1, 2, \cdots, l$；V_j 为以货币形式表示的第 j 部门的产出；A_{ij} 为第 j 部门对第 i 能源部门的直接消耗系数（$i=1, 2, \cdots, n$；$j=1, 2, \cdots, m$）；B_{ij} 为第 j 部门对第 i 能源部门的完全消耗系数（$i=1, 2, \cdots, n$；$j=1, 2, \cdots, m$）；r_{ik} 为第 k 种能源产值在第 i 种能源部门中的比重；P_k 为第 k 种能源的价格。

3.1.2 转换为通用能量单位

将各种能源的消费量加总才能得到某部门的最终总消耗，而原始单位表示的消费量无法相加，因此需要将原始单位（吨、立方米等）转换为统一的通用能量单位，即各种能源的热值，转换公式为

$$AC'_{jk} = AC_k \times F_k = \frac{V_j \times A_{ij} \times r_{ik}}{P_k} \times F_k \ , \tag{3-3}$$

或

$$BC'_{jk} = BC_k \times F_k = \frac{V_j \times A_{ij} \times r_{ik}}{P_k} \times F_k \tag{3-4}$$

式中，AC'_{jk} 为以通用单位表示的部门 j 对能源 k 的表观消费量（直接消耗）；BC'_{jk} 为以通用单位表示的部门 j 对能源 k 的表观消费量（全流程消耗）；F_k 为能源 k 原始单位和通用单位之间的转换系数，用各种能源的平均低位发热量表示；其余同上。

各种能源转换为通用单位之后，就可以进行加总运算，计算某部门消耗的所有能源表观消费总量：

$$AC'_j = \sum_{k=1}^{1} AC'_{jk} = \sum_{k=1}^{1} AC_{jk} \times F_k = \sum_{k=1}^{1} \frac{V_j \times A_{ij} \times r_{ik}}{P_k} \times F_k \tag{3-5}$$

或

$$BC'_j = \sum_{k=1}^{1} BC'_{jk} = \sum_{k=1}^{1} BC_{jk} \times F_k = \sum_{k=1}^{1} \frac{V_j \times A_{ij} \times r_{ik}}{P_k} \times F_k \tag{3-6}$$

式中，AC'_j 为以通用单位表示的部门 j 的能源表观消费总量（直接消耗）；BC'_j 为以通用单位表示的部门 j 的能源表观消费总量（全流程消耗）；其余同上。

3.1.3 计算总含碳量

将各部门的各种能源表观消费量乘以各自的平均含碳量之后加总，则可计算出各部门能源表观消费量的总含碳量：

$$TAC = \sum_{k=1}^{1} AC'_{jk} \times c_k = = \sum_{k=1}^{1} AC_{jk} \times F_k \times c_k = \sum_{k=1}^{1} \frac{V_j \times A_{ij} \times r_{ik}}{P_k} \times F_k \times c_k$$

$$\tag{3-7}$$

或

$$TBC = \sum_{k=1}^{1} BC'_{jk} \times c_k = \sum_{k=1}^{1} BC_{jk} \times F_k \times c_k = \sum_{k=1}^{1} \frac{V_j \times A_{ij} \times r_{ik}}{P_k} \times F_k \times c_k \quad (3\text{-}8)$$

式中，TAC 为各部门的能源表观消费量（直接消耗）中的总含碳量；TBC 为各部门的能源表观消费量（全流程消耗）中的总含碳量；c_k 为能源 k 的平均含碳量（吨碳/太焦）；其余同上。

3.1.4 计算各部门能源表观消费量的净含碳量

在现实经济生活中，化石能源有着广泛的用途，并非全部用作燃料。一部分化石能源存在着非能源利用，包括用于生产长期固碳材料、还原剂及非能源用途的碳量，如沥青、石油化工、煤化工、石油脑等。这部分化石能源中的碳元素并没有经过燃烧而形成温室气体排入大气，因而称为扣除的碳量（excluded carbon），应该在计算中予以剔除。总含碳量减去扣除的碳量，即为净含碳量。其中，扣除的碳量的计算公式为

$$EAC = \sum_{k=1}^{1} AC'_{jk} \times NEU_k \times c_k \times f_k \quad (3\text{-}9)$$

或

$$EBC = \sum_{k=1}^{1} BC'_{jk} \times NEU_k \times c_k \times f_k \quad (3\text{-}10)$$

式中，EAC 为各部门的能源表观消费量（直接消耗）中的总含碳量中扣除的碳量；EBC 为各部门的能源表观消费量（全流程消耗）中的总含碳量中扣除的碳量；NEU_k 为能源 k 中的非能源利用的比例；f_k 为能源 k 中非能源利用部分的固碳率；其余同上。

则，各部门能源表观消费量的净含碳量为

$$NAC = TAC - EAC \quad (3\text{-}11)$$

或

$$NBC = TBC - EBC \quad (3\text{-}12)$$

式中，NAC 为各部门的能源表观消费量（直接消耗）中的净含碳量；NBC 为各部门的能源表观消费量（全流程消耗）中的净含碳量；其余同上。

3.1.5 矫正碳氧化过程

由于经济技术条件的限制，能源表观消费量中的净含碳量并不能完全氧化，需要将能源乘以燃料的碳氧化系数来进行校正，并将碳排放量转换为 CO_2 排放量，计算公式为

$$E = \text{NAC} \times \text{OF}_k \times 44/12 \tag{3-13}$$

则各部门的总碳排放可以表示为

$$\text{CF}_a = \sum_{k=1}^{1} \text{NAC}_k \times \text{OF}_k \times (44/12) \tag{3-14}$$

或

$$\text{CF}_b = \sum_{k=1}^{1} \text{NBC}_k \times \text{OF}_k \times (44/12) \tag{3-15}$$

式中，CF_a 为各部门的直接能源消耗碳排放（吨 CO_2）；CF_b 为各部门的全流程能源消耗碳排放（吨 CO_2）；OF_k 为能源 k 的碳氧化系数；44/12 为碳排放量转换为 CO_2 排放量的转换系数；其余同上。

3.2 浙江省各部门能源表观消费量

按照国家统计局对能源的定义，能源可以分为一次能源和二次能源。一次能源包括原煤、原油、天然气、水电及其他动力能（如风能、地热能等），不包括低热值燃料、生物质能、太阳能等，而二次能源一般由一次能源加工转换而成。因此，可以把 2012 年投入产出表中的煤炭开采和洗选业、石油和天然气开采业归为一次能源部门，而石油及核燃料加工业，炼焦业，电力、热力的生产和供应业，燃气生产和供应业则归为二次能源部门。由于水电、核电不属于化石能源，因而可以忽略不计。由于二次能源归根结底均来自一次能源，因此，在计算各部门的直接消耗系数时，对应的是 6 个能源部门；而计算完全消耗系数时，则对应的是 2 个能源部门，即煤炭开采和洗选业和石油和天然气开采业。

根据式（3-1），基于能源部门生产量（表 3-1），可以得到 2002 年、2007年、2012 年、2017 年浙江省 42 个部门总产出的能源消耗实物量（表 3-2 ~ 表 3-9），以及标准量（万吨标准煤，表 3-10 ~ 表 3-17）。

表 3-1　全国及浙江省能源生产量

能源种类	2002 年		2007 年		2012 年		2017 年	
	全国	浙江	全国	浙江	全国	浙江	全国	浙江
原煤/万吨	138 000.00	73.50	252 597.00	12.33	364 500.00	15.01	352 400.00	0.00
原油/万吨	16 700.00	0.00	18 632.00	0.00	20 747.73	0.00	19 150.61	0.00
天然气/亿立方米	326.61	0.05	692.00	0.00	1 067.19	0.00	1 480.35	6.14
焦炭/万吨	14 279.81	60.55	33 105.30	52.53	44 323.14	294.80	43 142.55	228.55
燃料油/万吨	1 845.50	57.62	2 346.04	208.57	1 929.08	115.55	2 693.36	139.63
汽油/万吨	4 320.76	198.94	5 989.44	259.64	8 975.87	284.24	13 276.19	352.08
煤油/万吨	826.11	100.40	1 153.27	153.78	2 131.54	156.23	4 230.88	246.55
柴油/万吨	7 706.10	488.88	12 358.95	758.73	17 063.64	801.76	18 318.02	671.51
发电量/亿千瓦时	16 540.00	778.20	32 815.50	1 915.15	48 187.50	2 808.00	64 951.00	3 259.00
火力发电量/亿千瓦时	13 273.77	630.12	27 229.29	1 570.01	37 866.91	2 258.60	46 627.00	2 554.51
热力/万太焦	1 641 907.70	132 735.40	2 586 004.40	373 701.50	3 787 218.40	450 079.50	—	—
城市天然气/万立方米	1 259 334.00	4.00	3 086 363.00	50 645.00	7 950 377.00	191 322.00	12 637 546.00	484 008.00
城市人工煤气/万立方米	1 989 196.00	12 114.00	3 223 512.00	1 847.00	769 686.00	463.00	270 882.00	429.00
城市液化石油气/万立方米	1 959.29	159.19	623 376.91	39 876.60	11 148 032.00	776 396.00	1 722.08	119.17

资料来源：《中国能源统计年鉴 2003》《中国能源统计年鉴 2008》《中国能源统计年鉴 2013》《中国能源统计年鉴 2018》。

表3-2 2002年浙江省42个部门总产出的直接能源表观消费量（实物量）

部门	代码	原煤/万吨	原油/万吨	天然气/万立方米	汽油/万吨	煤油/万吨	柴油/万吨	燃料油/万吨	电力/亿千瓦时	热力/太焦	城市天然气/万立方米	煤气/万立方米	液化石油气/万立方米
农业	01	24.96	0.00	0.00	34.45	17.23	83.27	10.05	40.63	6 889.33	0.00	0.00	0.00
煤炭开采和洗选业	02	0.17	0.02	3.78	0.04	0.02	0.10	0.01	0.75	127.57	0.00	0.20	0.00
石油和天然气开采业	03	0.00	0.00	0.00	0.00	0.00	0.00	0.00	0.00		0.00	0.00	0.00
金属矿采选业	04	1.01	0.12	23.68	0.14	0.07	0.33	0.04	2.50	423.86	0.04	129.83	1.72
非金属矿采选业	05	9.86	0.13	26.11	0.48	0.24	1.16	0.14	8.50	1 441.82	0.72	2 182.32	28.96
食品制造及烟草加工业	06	770.83	0.08	15.88	1.33	0.66	3.21	0.39	31.02	5 258.82	2.32	6 980.78	92.64
纺织业	07	685.13	0.37	72.30	3.27	1.63	7.90	0.95	127.26	21 576.45	9.61	28 936.95	384.02
服装皮革羽绒及其制品业	08	172.01	7.11	1 385.72	2.16	1.08	5.23	0.63	34.12	5 784.05	4.02	12 089.02	160.43
木材加工及家具制造业	09	11.45	0.03	5.66	0.57	0.28	1.37	0.17	10.01	1 697.32	1.01	3 054.37	40.53
造纸印刷及文教用品制造业	10	301.98	0.44	86.08	2.84	1.42	6.86	0.83	51.58	8 745.70	12.11	36 465.10	483.93
石油加工、炼焦及核燃料加工业	11	205.57	1 217.52	237 401.02	33.25	16.63	80.36	9.70	3.54	600.75	0.12	365.24	4.85
化学工业	12	1 306.21	81.65	15 921.34	45.07	22.54	108.93	13.15	133.03	22 553.83	8.19	24 659.60	327.26
非金属矿物制品业	13	939.60	2.17	423.67	6.63	3.32	16.02	1.93	78.41	13 293.39	15.18	45 703.95	606.54
金属冶炼及压延加工业	14	136.53	1.22	236.92	4.42	2.21	10.69	1.29	50.74	8 602.35	3.98	11 970.72	158.86

续表

部门	代码	原煤/万吨	原油/万吨	天然气/万立方米	汽油/万吨	煤油/万吨	柴油/万吨	燃料油/万吨	电力/亿千瓦时	热力/太焦	城市天然气/万立方米	煤气/万立方米	液化石油气/万立方米
金属制品业	15	151.18	0.66	129.26	3.04	1.52	7.34	0.89	32.07	5436.80	2.87	8647.34	114.76
通用、专用设备制造业	16	115.68	0.53	102.80	11.91	5.95	28.78	3.47	53.08	8998.86	5.23	15744.84	208.95
交通运输设备制造业	17	46.19	25.97	5064.14	2.29	1.15	5.54	0.67	33.55	5688.40	4.71	14168.15	188.03
电气、机械及器材制造业	18	52.89	0.25	48.75	7.35	3.67	17.76	2.14	38.02	6445.53	17.91	53924.22	715.63
通信设备、计算机及其他电子设备制造业	19	77.20	0.05	10.68	3.08	1.54	7.45	0.90	20.22	3428.91	0.23	683.56	9.07
仪器仪表及文化办公用机械制造业	20	2.65	0.01	2.26	0.30	0.15	0.73	0.09	7.29	1236.74	1.94	5830.18	77.37
其他制造业	21	38.78	1.53	298.08	2.65	1.33	6.41	0.77	17.12	2901.87	2.55	7669.32	101.78
废品废料	22	0.00	0.00	0.00	0.00	0.00	0.00	0.00	0.00	0.00	0.00	0.00	0.00
电力、热力的生产和供应业	23	6134.85	0.54	105.89	8.51	4.26	20.57	2.48	86.72	14702.19	0.75	2270.99	30.14
燃气生产和供应业	24	18.81	2.63	512.88	10.69	5.35	25.84	3.12	0.30	50.27	5.66	17052.52	226.30
水的生产和供应业	25	22.63	0.01	1.35	0.04	0.02	0.11	0.01	32.40	5493.31	4.23	12742.76	169.11
建筑业	26	271.90	0.00	0.00	45.58	22.79	110.14	13.29	66.88	11339.52	0.00	0.00	0.00
交通运输及仓储业	27	7.05	14.79	2884.13	72.19	36.09	174.45	21.05	17.09	2897.37	25.24	76000.08	1008.60
邮政业	28	0.00	0.00	0.00	0.24	0.12	0.58	0.07	0.85	144.07	0.00	0.00	0.00

续表

部门	代码	原煤/万吨	原油/万吨	天然气/万立方米	汽油/万吨	煤油/万吨	柴油/万吨	燃料油/万吨	电力/亿千瓦时	热力/太焦	城市天然气/万立方米	煤气/万立方米	液化石油气/万立方米
信息传输、计算机服务和软件业	29	0.00	0.00	0.00	0.18	0.09	0.43	0.05	25.81	4 376.05	0.00	0.00	0.00
批发和零售贸易业	30	1.38	0.00	0.00	1.60	0.80	3.87	0.47	53.50	9 071.20	0.00	0.00	0.00
住宿和餐饮业	31	22.58	0.00	0.00	2.63	1.32	6.37	0.77	37.70	6 391.98	36.34	109 411.21	1 452.00
金融保险业	32	0.00	0.00	0.00	2.77	1.38	6.69	0.81	18.40	3 119.17	0.00	0.00	0.00
房地产业	33	0.00	0.00	0.00	0.02	0.01	0.06	0.01	0.98	166.23	1.23	3 692.40	49.00
租赁业和商务服务业	34	0.00	0.00	0.00	1.06	0.53	2.57	0.31	6.03	1 022.09	0.29	870.46	11.55
旅游业	35	2.91	0.00	0.00	0.05	0.02	0.12	0.01	0.44	75.18	0.00	0.00	0.00
科学研究事业	36	0.00	0.00	0.00	0.10	0.05	0.24	0.03	0.96	162.63	0.00	0.00	0.00
综合技术服务业	37	0.00	0.00	0.00	0.31	0.16	0.76	0.09	2.22	375.85	0.01	28.43	0.38
其他社会服务业	38	15.67	0.00	0.00	1.54	0.77	3.72	0.45	5.26	891.00	0.09	258.67	3.43
教育事业	39	0.00	0.00	0.00	0.70	0.35	1.69	0.20	19.49	3 305.04	0.00	0.00	0.00
卫生、社会保障和社会福利业	40	0.00	0.00	0.00	0.78	0.39	1.88	0.23	9.74	1 650.90	0.00	0.00	0.00
文化、体育和娱乐业	41	0.00	0.00	0.00	0.63	0.31	1.52	0.18	12.12	2 054.82	0.44	1 335.71	17.73
公共管理和社会组织	42	0.00	0.00	0.00	4.16	2.08	10.04	1.21	9.89	1 676.42	0.00	0.00	0.00
合计		11 547.66	1 357.83	264 762.38	319.05	159.53	771.09	93.05	1 180.22	200 097.64	167.02	502 868.92	6 673.57

注：由于不同年份统计年鉴中投入产出表中部门名称并不完全统一，本书中2002年、2007年、2012年、2017年42个部门名称与原表格一致。

表 3-3　2007 年浙江省 42 个部门总产出的直接能源表观消费量（实物量）

部门	代码	原煤/万吨	原油/万吨	天然气/万立方米	汽油/万吨	煤油/万吨	柴油/万吨	燃料油/万吨	电力/亿千瓦时	热力/万大焦	城市天然气/万立方米	煤气/万立方米	液化石油气/万立方米
农林牧渔业	01	5.28	0.00	0.00	16.67	9.65	48.27	13.16	16.47	3 888.93	47.19	1.72	37.19
煤炭开采和洗选业	02	0.00	0.16	60.98	0.00	0.00	0.01	0.00	0.04	8.71	1.25	0.05	0.98
石油和天然气开采业	03	0.00	0.00	0.00	0.00	0.00	0.00	0.00	0.00	0.00	0.00	0.00	0.00
金属矿采选业	04	6.35	0.00	1.67	0.13	0.08	0.39	0.11	1.66	392.18	14.04	0.51	11.07
非金属矿及其他矿采选业	05	17.22	37.37	13 868.03	1.72	0.99	4.97	1.35	12.06	2 847.89	888.86	32.38	700.58
食品制造及烟草加工业	06	152.97	0.13	48.23	0.87	0.50	2.51	0.68	16.97	4 004.74	1 278.42	46.57	1 007.62
纺织业	07	446.96	1.98	733.35	2.58	1.50	7.48	2.04	101.93	24 060.91	2 062.60	75.13	1 625.69
纺织服装鞋帽皮革羽绒及其制品业	08	158.53	1.01	375.30	2.15	1.25	6.24	1.70	23.34	5 508.66	1 256.49	45.77	990.33
木材加工及家具制造业	09	28.64	0.18	67.56	1.75	1.01	5.07	1.38	12.27	2 895.32	693.30	25.25	546.44
造纸印刷及文教体育用品制造业	10	370.43	1.42	525.33	2.15	1.25	6.23	1.70	28.08	6 627.42	1 951.78	71.10	1 538.34
石油加工、炼焦及核燃料加工业	11	3.01	1 840.97	683 199.88	0.96	0.56	2.78	0.76	2.63	620.00	114.82	4.18	90.49
化学工业	12	898.27	16.21	6 017.47	75.96	43.98	219.88	59.97	151.31	35 717.35	6 210.66	226.24	4 895.09
非金属矿物制品业	13	1 395.93	34.58	12 834.53	9.28	5.37	26.86	7.33	59.45	14 034.26	9 661.27	351.93	7 614.77

续表

部门	代码	原煤/万吨	原油/万吨	天然气/万立方米	汽油/万吨	煤油/万吨	柴油/万吨	燃料油/万吨	电力/亿千瓦时	热力/太焦	城市天然气/万立方米	煤气/万立方米	液化石油气/万立方米
金属冶炼及压延加工业	14	503.22	3.71	1 376.06	6.86	3.97	19.86	5.42	69.19	16 333.36	2 006.44	73.09	1 581.43
金属制品业	15	91.59	7.06	2 619.74	3.62	2.10	10.48	2.86	49.59	11 705.06	1 738.43	63.33	1 370.19
通用、专用设备制造业	16	92.06	14.80	5 492.23	10.39	6.02	30.09	8.21	91.04	21 491.36	3 796.55	138.30	2 992.34
交通运输设备制造业	17	41.43	14.93	5 541.55	5.92	3.43	17.13	4.67	27.27	6 436.53	1 297.70	47.27	1 022.81
电气机械及器材制造业	18	9.72	0.78	289.16	5.46	3.16	15.82	4.31	26.37	6 224.18	1 222.51	44.53	963.55
通信设备、计算机及其他电子设备制造业	19	12.35	0.40	149.04	1.57	0.91	4.56	1.24	20.92	4 938.93	558.54	20.35	440.23
仪器仪表及文化办公用机械制造业	20	17.54	2.96	1 096.98	0.35	0.20	1.02	0.28	5.65	1 334.54	318.53	11.60	251.05
工艺品及其他制造业	21	52.24	1.14	423.11	1.54	0.89	4.46	1.22	17.15	4 048.25	903.32	32.91	711.97
废品废料	22	1.29	0.62	231.84	0.25	0.14	0.72	0.20	3.67	867.17	560.37	20.41	441.67
电力、热力的生产和供应业	23	7 607.24	30.25	11 225.46	8.83	5.11	25.56	6.97	532.85	125 780.74	1019.55	37.14	803.58
燃气生产和供应业	24	0.00	89.66	33 271.85	0.03	0.02	0.10	0.03	0.07	15.38	12 758.96	464.77	10 056.29
水的生产和供应业	25	0.13	0.00	0.00	0.06	0.04	0.18	0.05	10.26	2 422.19	105.76	3.85	83.36
建筑业	26	221.07	0.00	0.00	8.55	4.95	24.76	6.75	89.15	21 044.83	2 264.15	82.48	1 784.55
交通运输及仓储业	27	1.15	0.00	0.00	88.92	51.48	257.41	70.20	12.57	2 967.14	610.80	22.25	481.42
邮政业	28	0.03	0.00	0.00	0.44	0.25	1.27	0.35	0.35	81.90	1.16	0.04	0.92

续表

部门	代码	原煤/万吨	原油/万吨	天然气/万立方米	汽油/万吨	煤油/万吨	柴油/万吨	燃料油/万吨	电力/亿千瓦时	热力/太焦	城市天然气/万立方米	煤气/万立方米	液化石油气/万立方米
信息传输、计算机服务和软件业	29	0.00	0.00	0.00	0.07	0.04	0.21	0.06	16.96	4 004.18	512.68	18.68	404.08
批发和零售业	30	0.00	0.00	0.00	0.90	0.52	2.60	0.71	11.59	2 735.36	281.72	10.26	222.05
住宿和餐饮业	31	6.68	1.25	462.35	4.73	2.74	13.70	3.74	34.39	8 117.61	6 967.93	253.82	5 491.95
金融业	32	0.00	0.00	0.00	4.75	2.75	13.74	3.75	6.21	1 466.42	35.14	1.28	27.70
房地产业	33	0.00	0.00	0.00	1.73	1.00	5.00	1.36	2.82	666.29	89.39	3.26	70.46
租赁和商务服务业	34	0.00	0.00	0.00	14.15	8.19	40.96	11.17	8.34	1 969.15	1 217.27	44.34	959.43
研究与试验发展业	35	0.00	0.00	0.00	0.53	0.31	1.54	0.42	0.73	172.03	18.78	0.68	14.80
综合技术服务业	36	0.00	0.00	0.00	0.64	0.37	1.85	0.51	2.12	499.92	133.67	4.87	105.36
水利、环境和公共设施管理业	37	0.00	0.00	0.00	0.71	0.41	2.05	0.56	5.45	1 286.05	101.19	3.69	79.76
居民服务和其他服务业	38	0.00	0.00	0.00	1.68	0.97	4.87	1.33	2.72	642.49	227.06	8.27	178.96
教育	39	0.00	0.00	0.00	1.26	0.73	3.65	0.99	9.50	2 241.58	483.10	17.60	380.77
卫生、社会保障和社会福利业	40	0.00	0.00	0.00	0.10	0.06	0.30	0.08	4.11	970.25	248.66	9.06	195.98
文化、体育和娱乐业	41	0.00	0.00	0.00	0.37	0.21	1.06	0.29	4.34	1 024.84	216.01	7.87	170.25
公共管理和社会组织	42	0.00	0.00	0.00	10.47	6.06	30.30	8.26	15.73	3 714.04	510.19	18.58	402.12
合计		12 141.33	2 101.57	779 911.70	299.10	173.17	865.94	236.17	1 507.32	355 808.14	64 386.24	2 345.41	50 747.62

表3-4 2012年浙江省42个部门总产出的直接能源表观消费量（实物量）

部门	代码	原煤/万吨	原油/万吨	天然气/万立方米	汽油/万吨	煤油/万吨	柴油/万吨	燃料油/万吨	电力/亿千瓦时	热力/太焦	城市天然气/万立方米	煤气/万立方米	液化石油气/万立方米
农林牧渔产品和服务	01	0.00	0.00	0.00	1.32	0.75	3.70	0.56	7.73	1 104.60	0.00	0.00	0.00
煤炭采选产品	02	33.35	0.00	0.00	0.00	0.00	0.00	0.00	0.20	28.57	0.00	0.00	0.00
石油和天然气开采产品	03	0.00	0.00	0.00	0.00	0.00	0.00	0.00	0.00	0.00	0.00	0.00	0.00
金属矿采选产品	04	6.03	0.00	2.53	0.05	0.03	0.15	0.02	1.37	195.72	2.53	0.01	10.30
非金属矿及其他矿采选产品	05	23.17	0.00	0.00	1.28	0.73	3.60	0.55	12.82	1 832.11	0.00	0.00	0.00
食品和烟草	06	98.88	3.32	1 708.06	2.14	1.23	6.03	0.92	73.86	10 555.90	1 062.06	2.57	4 327.25
纺织品	07	486.98	8.87	4 558.29	4.03	2.30	11.32	1.73	195.87	27 994.64	134.08	0.32	546.32
纺织服装鞋帽皮革羽绒及其制品	08	72.16	0.67	343.96	1.35	0.77	3.79	0.58	52.20	7 460.60	0.00	0.00	0.00
木材加工品和家具	09	41.46	1.90	976.92	1.35	0.77	3.81	0.58	26.76	3 824.76	16.50	0.04	67.23
造纸印刷和文教体育用品	10	446.63	1.57	808.79	2.13	1.22	6.00	0.91	119.50	17 079.70	260.71	0.63	1 062.24
石油、炼焦产品和核燃料加工品	11	116.80	1 818.44	934 984.77	16.45	9.40	46.21	7.05	4.61	659.03	0.00	0.00	0.00
化学产品	12	1 140.32	459.59	236 308.89	70.21	40.12	197.27	30.09	365.47	52 235.75	253.82	0.61	1 034.16
非金属矿物制品	13	1 341.65	31.51	16 204.00	3.56	2.04	10.01	1.53	105.44	15 070.21	227.14	0.55	925.47

续表

部门	代码	原煤/万吨	原油/万吨	天然气/万立方米	汽油/万吨	煤油/万吨	柴油/万吨	燃料油/万吨	电力/亿千瓦时	热力/太焦	城市天然气/万立方米	煤气/万立方米	液化石油气/万立方米
金属冶炼和压延加工品	14	1 076.71	23.05	11 850.64	2.29	1.31	6.43	0.98	149.17	21 320.96	2 058.37	4.98	8 386.63
金属制品	15	89.39	9.72	4 997.62	2.57	1.47	7.21	1.10	89.91	12 850.81	3 099.62	7.50	12 629.14
通用设备	16	50.77	4.10	2 108.43	4.92	2.81	13.82	2.11	71.43	10 209.83	1 367.71	3.31	5 572.63
专用设备	17	18.21	1.49	765.12	1.38	0.79	3.88	0.59	31.41	4 489.94	413.19	1.00	1 683.51
交通运输设备	18	52.46	8.09	4 158.19	2.11	1.21	5.94	0.91	42.76	6 111.04	96.09	0.23	391.51
电气机械和器材	19	15.33	5.75	2 954.46	2.78	1.59	7.82	1.19	56.21	8 034.59	1.26	0.00	5.15
通信设备、计算机和其他电子设备	20	13.08	0.33	171.48	0.64	0.37	1.80	0.27	21.50	3 073.56	14.03	0.03	57.18
仪器仪表	21	1.47	0.02	12.66	0.17	0.09	0.46	0.07	5.81	829.82	0.00	0.00	0.00
其他制造产品	22	753.10	0.03	16.63	0.35	0.20	0.98	0.15	13.82	1 975.69	0.00	0.00	0.00
废品废料	23	1.69	0.00	0.00	0.17	0.10	0.48	0.07	7.11	1 016.63	50.51	0.12	205.80
金属制品、机械和设备修理服务	24	36.62	0.80	410.22	0.25	0.14	0.69	0.11	4.15	592.45	0.00	0.00	0.00
电力、热力的生产和供应	25	12 333.64	129.53	66 598.08	3.76	2.15	10.56	1.61	1 227.61	175 459.28	0.00	0.00	0.00
燃气生产和供应	26	0.00	210.16	108 059.46	0.00	0.00	0.00	0.00	0.08	11.62	25 059.98	60.63	102 104.65
水的生产和供应	27	0.02	0.00	0.00	0.07	0.04	0.19	0.03	20.27	2 896.94	0.00	0.00	0.00
建筑	28	712.07	0.07	34.35	18.17	10.38	51.04	7.79	100.39	14 348.12	411.86	1.00	1 678.10

续表

部门	代码	原煤/万吨	原油/万吨	天然气/万立方米	汽油/万吨	煤油/万吨	柴油/万吨	燃料油/万吨	电力/亿千瓦时	热力/太焦	城市天然气/万立方米	煤气/万立方米	液化石油气/万立方米
批发和零售	29	0.00	0.00	0.00	8.87	5.07	24.93	3.80	44.45	6 352.79	573.51	1.39	2 336.72
交通运输、仓储和邮政	30	1.20	0.00	0.00	69.06	39.46	194.03	29.60	14.71	2 103.05	6 999.77	16.93	28 519.95
住宿和餐饮	31	0.00	0.00	0.00	0.86	0.49	2.42	0.37	72.00	10 290.49	9 972.96	24.13	40 633.95
信息传输、软件和信息技术服务	32	0.00	0.00	0.00	0.98	0.56	2.75	0.42	14.20	2 029.67	0.00	0.00	0.00
金融	33	0.00	0.00	0.00	1.96	1.12	5.50	0.84	21.11	3 017.72	0.00	0.00	0.00
房地产	34	0.00	0.00	0.00	0.46	0.26	1.29	0.20	16.83	2 405.62	434.87	1.05	1 771.86
租赁和商务服务	35	0.00	0.00	0.00	11.45	6.54	32.16	4.91	3.75	536.57	161.71	0.39	658.88
科学研究和技术服务	36	0.00	0.00	0.00	0.51	0.29	1.44	0.22	7.00	1 000.14	5.82	0.01	23.70
水利、环境和公共设施管理	37	0.00	0.00	0.00	0.89	0.51	2.49	0.38	10.07	1 439.21	1 342.87	3.25	5 471.40
居民服务、修理和其他服务	38	0.00	0.00	0.00	10.96	6.26	30.80	4.70	7.72	1 104.05	12 341.22	29.86	50 283.21
教育	39	0.00	0.00	0.00	1.54	0.88	4.32	0.66	10.94	1 564.13	45.52	0.11	185.45
卫生和社会工作	40	0.00	0.00	0.00	0.33	0.19	0.92	0.14	8.69	1 242.28	0.00	0.00	0.00
文化、体育和娱乐	41	0.01	0.00	0.00	0.32	0.18	0.89	0.14	6.47	924.23	306.04	0.74	1 246.92
公共管理、社会保障和社会组织	42	0.00	0.00	0.00	1.84	1.05	5.17	0.79	15.12	2 161.35	0.00	0.00	0.00
合计		18 963.20	2 719.01	1 398 033.55	253.53	144.87	712.30	108.67	3 060.52	437 434.17	66 713.75	161.39	271 819.31

表3-5 2017年浙江省42个部门总产出的直接能源表观消费量（实物量）

部门	代码	原煤/万吨	原油/万吨	天然气/万立方米	汽油/万吨	煤油/万吨	柴油/万吨	燃料油/万吨	电力/亿千瓦时	城市天然气/万立方米	煤气/万立方米	液化石油气/万立方米
农林牧渔产品和服务	01	0.00	0.00	12 100.72	3.15	2.14	6.04	1.26	53.37	356.62	0.31	501.41
煤炭采选产品	02	30.28	0.00	0.00	0.00	0.00	0.00	0.00	0.16	0.00	0.00	0.00
石油和天然气开采产品	03	0.00	0.00	0.00	0.00	0.00	0.00	0.00	0.00	0.00	0.00	0.00
金属矿采选产品	04	8.01	0.00	184.19	0.05	0.03	0.09	0.02	0.52	2.68	0.00	3.77
非金属矿和其他矿采选产品	05	24.83	0.00	7 397.24	1.92	1.31	3.69	0.77	8.23	0.00	0.00	0.00
食品和烟草	06	446.26	10.02	21 920.67	5.70	3.88	10.95	2.28	60.13	66.87	0.06	94.01
纺织品	07	1 216.35	120.22	18 809.69	4.89	3.33	9.39	1.96	306.28	6.70	0.01	9.42
纺织服装鞋帽皮革羽绒及其制品	08	402.64	5.45	8 683.98	2.26	1.54	4.34	0.90	40.47	0.00	0.00	0.00
木材加工品和家具	09	207.94	5.02	14 221.63	3.70	2.52	7.10	1.48	24.28	0.00	0.00	0.00
造纸印刷和文教体育用品	10	641.57	22.91	18 892.51	4.91	3.34	9.44	1.97	74.89	33.98	0.03	47.78
石油、炼焦产品和核燃料加工品	11	440.74	3 225.50	245 157.48	63.77	43.37	122.44	25.51	9.33	0.00	0.00	0.00
化学产品	12	2 299.74	54.02	117 243.92	30.50	20.74	58.56	12.20	328.97	69.06	0.06	97.10
非金属矿物制品	13	825.02	60.37	70 498.28	18.34	12.47	35.21	7.34	66.41	4.99	0.00	7.02

续表

部门	代码	原煤/万吨	原油/万吨	天然气/万立方米	汽油/万吨	煤油/万吨	柴油/万吨	燃料油/万吨	电力/亿千瓦时	城市天然气/万立方米	煤气/万立方米	液化石油气/万立方米
金属冶炼和压延加工品	14	1 664.07	39.66	5 288.73	1.38	0.94	2.64	0.55	43.50	7.06	0.01	9.93
金属制品	15	335.40	34.65	23 970.42	6.24	4.24	11.97	2.49	55.03	378.05	0.33	531.55
通用设备	16	659.12	27.27	61 281.11	15.94	10.84	30.61	6.38	68.30	252.36	0.22	354.82
专用设备	17	189.46	14.79	9 770.37	2.54	1.73	4.88	1.02	22.40	105.35	0.09	148.13
交通运输设备	18	963.85	8.46	12 486.54	3.25	2.21	6.24	1.30	20.81	208.88	0.18	293.69
电气机械和器材	19	876.84	9.04	31 820.88	8.28	5.63	15.89	3.31	47.76	65.16	0.06	91.62
通信设备、计算机和其他电子设备	20	419.06	3.64	6 591.99	1.71	1.17	3.29	0.69	30.54	3.78	0.00	5.31
仪器仪表	21	116.15	2.55	5 406.71	1.41	0.96	2.70	0.56	8.46	0.12	0.00	0.17
其他制造产品和废品废料	22	437.42	2.84	3 293.70	0.86	0.58	1.65	0.34	9.35	2 044.81	1.79	2 875.07
金属制品、机械和设备修理服务	23	3.70	0.20	1 716.91	0.45	0.30	0.86	0.18	3.05	1.34	0.00	1.88
电力、热力的生产和供应	24	32 287.28	62.63	26 052.77	6.78	4.61	13.01	2.71	806.08	0.00	0.00	0.00
燃气生产和供应	25	0.00	458.37	71.53	0.02	0.01	0.04	0.01	1.11	119 801.70	104.97	168 444.89
水的生产和供应	26	0.10	0.00	504.63	0.13	0.09	0.25	0.05	15.99	0.37	0.00	0.51
建筑	27	778.88	0.03	326 250.02	84.87	57.71	162.95	33.95	53.70	0.00	0.00	0.00
批发和零售	28	0.00	0.00	74 830.90	19.47	13.24	37.37	7.79	42.49	50.42	0.04	70.90

续表

部门	代码	原煤/万吨	原油/万吨	天然气/万立方米	汽油/万吨	煤油/万吨	柴油/万吨	燃料油/万吨	电力/亿千瓦时	城市天然气/万立方米	煤气/万立方米	液化石油气/万立方米
交通运输、仓储和邮政	29	1.31	0.01	509 125.30	132.44	90.06	254.28	52.98	61.23	189 092.26	165.68	265 869.57
住宿和餐饮	30	0.00	0.00	10 223.68	2.66	1.81	5.11	1.06	69.82	64 679.29	56.67	90 941.08
信息传输、软件和信息技术服务	31	0.00	0.00	8 577.10	2.23	1.52	4.28	0.89	32.36	0.00	0.00	0.00
金融	32	0.00	0.00	23 144.52	6.02	4.09	11.56	2.41	20.97	0.00	0.00	0.00
房地产	33	0.00	0.00	11 245.06	2.93	1.99	5.62	1.17	51.38	611.04	0.54	859.15
租赁和商务服务	34	0.09	0.00	245 158.40	63.77	43.37	122.44	25.51	242.64	1 649.59	1.45	2 319.37
研究和试验发展	35	0.00	0.00	2 481.20	0.65	0.44	1.24	0.26	1.56	14.74	0.01	20.72
综合技术服务	36	0.00	0.00	14 571.55	3.79	2.58	7.28	1.52	6.56	135.92	0.12	191.11
水利、环境和公共设施管理	37	0.00	0.00	9 497.03	2.47	1.68	4.74	0.99	36.60	40.44	0.04	56.85
居民服务、修理和其他服务	38	0.00	0.00	33 751.35	8.78	5.97	16.86	3.51	15.26	4 216.29	3.69	5 928.24
教育	39	0.00	0.00	46 843.52	12.19	8.29	23.40	4.87	11.77	23.75	0.02	33.39
卫生和社会工作	40	0.00	0.00	3 400.03	0.88	0.60	1.70	0.35	11.51	14.98	0.01	21.06
文化、体育和娱乐	41	0.00	0.00	4 455.84	1.16	0.79	2.23	0.46	10.15	2 110.22	1.85	2 967.03
公共管理、社会保障和社会组织	42	0.00	0.00	10 887.98	2.83	1.93	5.44	1.13	13.36	0.00	0.00	0.00
合计		45 276.11	4 167.65	2 057 810.08	535.32	364.05	1 027.78	214.13	2 786.78	386 048.82	338.24	542 796.55

表 3-6   2002 年浙江省 42 个部门总产出的全流程能源表观消费量（实物量）

部门	代码	能耗（实物量）		
		原煤/万吨	原油/万吨	天然气/万立方米
农业	01	892.26	287.00	55 960.96
煤炭开采和洗选业	02	6.83	0.82	159.49
石油和天然气开采业	03	0.00	0.00	0.00
金属矿采选业	04	31.71	3.60	702.67
非金属矿采选业	05	141.43	17.35	3 383.43
食品制造及烟草加工业	06	1 953.90	171.80	33 498.10
纺织业	07	4 632.39	415.91	81 096.50
服装皮革羽绒及其制品业	08	2 488.70	292.91	57 114.50
木材加工及家具制造业	09	425.64	65.25	12 722.67
造纸印刷及文教用品制造业	10	1 791.73	170.54	33 254.05
石油加工、炼焦及核燃料加工业	11	294.96	1 404.81	273 919.29
化学工业	12	5 638.78	908.96	177 234.89
非金属矿物制品业	13	2 319.72	172.82	33 697.12
金属冶炼及压延加工业	14	1 441.51	141.77	27 643.85
金属制品业	15	1 295.22	141.98	27 683.38
通用、专用设备制造业	16	2 614.09	357.83	69 771.94
交通运输设备制造业	17	1 422.33	204.85	39 942.91
电气、机械及器材制造业	18	2 287.14	321.80	62 747.77
通信设备、计算机及其他电子设备制造业	19	1 159.27	140.53	27 401.59
仪器仪表及文化办公用机械制造业	20	466.28	63.79	12 438.93
其他制造业	21	572.49	80.08	15 613.88
废品废料	22	0.00	0.00	0.00
电力、热力的生产和供应业	23	6 886.66	86.39	16 844.87
燃气生产和供应业	24	36.48	64.14	12 506.73
水的生产和供应业	25	240.75	7.32	1 427.50
建筑业	26	3 670.30	580.16	113 122.89
交通运输及仓储业	27	449.47	486.14	94 791.16
邮政业	28	13.54	3.08	600.72
信息传输、计算机服务和软件业	29	323.71	23.27	4 536.59

续表

部门	代码	能耗（实物量）		
		原煤/万吨	原油/万吨	天然气/万立方米
批发和零售贸易业	30	713.37	88.53	17 261.75
住宿和餐饮业	31	646.53	90.19	17 585.34
金融保险业	32	269.26	46.77	9 118.90
房地产业	33	102.38	15.51	3 024.16
租赁业和商务服务业	34	233.05	50.84	9 912.77
旅游业	35	33.57	13.69	2 668.43
科学研究事业	36	54.17	8.09	1 576.98
综合技术服务业	37	88.99	12.56	2 448.40
其他社会服务业	38	130.51	20.34	3 965.39
教育事业	39	345.02	33.09	6 452.02
卫生、社会保障和社会福利业	40	420.95	58.59	11 423.86
文化、体育和娱乐业	41	187.58	17.80	3 471.03
公共管理和社会组织	42	481.09	78.80	15 364.87
合计		47 203.76	7 149.70	1 394 092.28

表 3-7　2007 年浙江省 42 个部门总产出的全流程能源表观消费量（实物量）

部门	代码	能耗（实物量）		
		原煤/万吨	原油/万吨	天然气/万立方米
农林牧渔业	01	419.95	187.68	69 647.80
煤炭开采和洗选业	02	0.77	0.29	108.93
石油和天然气开采业	03	0.00	0.00	0.00
金属矿采选业	04	45.08	5.34	1 982.50
非金属矿及其他矿采选业	05	213.22	85.08	31 574.05
食品制造及烟草加工业	06	813.53	158.91	58 973.25
纺织业	07	4 059.39	541.66	201 015.56
纺织服装鞋帽皮革羽绒及其制品业	08	1 878.96	287.83	106 817.80
木材加工及家具制造业	09	919.21	168.51	62 534.50
造纸印刷及文教体育用品制造业	10	1 762.04	228.19	84 682.63
石油加工、炼焦及核燃料加工业	11	42.49	1 853.55	687 865.85
化学工业	12	6 083.46	1 593.27	591 276.65

续表

部门	代码	能耗（实物量）		
		原煤/万吨	原油/万吨	天然气/万立方米
非金属矿物制品业	13	2 908.59	313.89	116 486.61
金属冶炼及压延加工业	14	3 552.21	374.53	138 990.07
金属制品业	15	2 120.49	270.27	100 298.51
通用、专用设备制造业	16	3 798.27	553.13	205 271.21
交通运输设备制造业	17	2 144.06	347.71	129 036.62
电气机械及器材制造业	18	2 535.00	407.36	151 175.67
通信设备、计算机及其他电子设备制造业	19	1 429.86	223.62	82 986.99
仪器仪表及文化办公用机械制造业	20	339.54	54.53	20 235.70
工艺品及其他制造业	21	775.68	118.72	44 058.60
废品废料	22	184.49	30.74	11 408.88
电力、热力的生产和供应业	23	12 620.84	333.07	123 605.84
燃气生产和供应业	24	1.99	118.47	43 964.51
水的生产和供应业	25	107.95	6.93	2 572.69
建筑业	26	5 475.97	707.17	262 436.73
交通运输及仓储业	27	455.57	696.31	258 404.49
邮政业	28	12.93	6.97	2 585.52
信息传输、计算机服务和软件业	29	391.84	52.75	19 575.18
批发和零售业	30	359.03	154.19	57 222.40
住宿和餐饮业	31	560.96	119.50	44 348.33
金融业	32	214.56	78.21	29 024.24
房地产业	33	108.97	31.18	11 569.76
租赁和商务服务业	34	497.28	194.95	72 348.03
研究与试验发展业	35	29.27	8.28	3 071.97
综合技术服务业	36	128.44	25.36	9 412.74
水利、环境和公共设施管理业	37	85.93	16.43	6 097.59
居民服务和其他服务业	38	101.02	27.82	10 323.94
教育	39	205.12	35.78	13 277.32
卫生、社会保障和社会福利业	40	332.91	61.80	22 932.86
文化、体育和娱乐业	41	83.48	13.67	5 071.89
公共管理和社会组织	42	427.41	142.39	52 841.26
合计		58 227.76	10 636.04	3 947 115.67

表3-8　2012年浙江省42个部门总产出的全流程能源表观消费量（实物量）

部门	代码	能耗（实物量）		
		原煤/万吨	原油/万吨	天然气/万立方米
农林牧渔产品和服务	01	805.49	88.57	45 538.87
煤炭采选产品	02	54.60	0.32	164.43
石油和天然气开采产品	03	0.00	0.00	0.00
金属矿采选产品	04	61.84	3.45	1 776.26
非金属矿和其他矿采选产品	05	256.16	26.92	13 839.73
食品和烟草	06	2 202.99	211.80	108 901.28
纺织品	07	8 208.84	1 054.87	542 379.93
纺织服装鞋帽皮革羽绒及其制品	08	3 986.96	489.13	251 493.68
木材加工品和家具	09	1 524.92	168.80	86 789.51
造纸印刷和文教体育用品	10	5 502.25	383.78	197 326.89
石油、炼焦产品和核燃料加工品	11	324.14	1 979.54	1 017 814.85
化学产品	12	14 758.05	4 325.75	2 224 159.19
非金属矿物制品	13	5 350.22	280.87	144 412.89
金属冶炼和压延加工品	14	9 165.30	427.60	219 858.38
金属制品	15	4 655.42	308.51	158 626.70
通用设备	16	6 116.42	426.32	219 202.51
专用设备	17	2 445.49	169.49	87 148.27
交通运输设备	18	4 440.34	356.65	183 380.36
电气机械和器材	19	5 245.38	515.69	265 153.31
通信设备、计算机和其他电子设备	20	1 817.38	164.30	84 475.66
仪器仪表	21	585.82	59.15	30 412.56
其他制造产品	22	1 650.02	56.84	29 227.57
废品废料	23	337.99	49.49	25 444.66
金属制品、机械和设备修理服务	24	245.15	14.92	7 672.24
电力、热力的生产和供应	25	31 617.13	401.94	206 662.03
燃气生产和供应	26	7.68	262.63	135 035.86
水的生产和供应	27	266.83	9.51	4 890.20
建筑	28	13 110.94	850.13	437 107.77
批发和零售	29	1 233.75	229.94	118 226.79
交通运输、仓储和邮政	30	786.38	903.80	464 702.47

部门	代码	能耗（实物量）		
		原煤/万吨	原油/万吨	天然气/万立方米
住宿和餐饮	31	1 299.69	96.01	49 367.15
信息传输、软件和信息技术服务	32	631.30	66.58	34 231.29
金融	33	1 082.17	131.80	67 767.45
房地产	34	286.12	22.56	11 597.96
租赁和商务服务	35	1 188.28	191.82	98 629.95
科学研究和技术服务	36	540.72	59.86	30 779.80
水利、环境和公共设施管理	37	214.29	22.95	11 801.64
居民服务、修理和其他服务	38	301.58	142.38	73 205.68
教育	39	403.88	84.41	43 402.67
卫生和社会工作	40	703.84	95.14	48 918.92
文化、体育和娱乐	41	239.82	24.65	12 672.49
公共管理、社会保障和社会组织	42	386.65	64.42	33 121.28
合计		134 042.22	15 223.29	7 827 321.13

表 3-9　2017 年浙江省 42 个部门总产出的全流程能源表观消费量（实物量）

部门	代码	能耗（实物量）		
		原煤/万吨	原油/万吨	天然气/万立方米
农林牧渔产品和服务	01	3 486.38	6.44	2 171.75
煤炭采选产品	02	58.41	0.09	31.70
石油和天然气开采产品	03	0.00	0.00	0.00
金属矿采选产品	04	54.84	0.15	51.54
非金属矿和其他矿采选产品	05	522.84	3.86	1 301.48
食品和烟草	06	5 468.39	17.92	6 044.09
纺织品	07	23 593.40	105.02	35 424.17
纺织服装鞋帽皮革羽绒及其制品	08	7 574.61	22.19	7 485.14
木材加工品和家具	09	4 079.25	15.92	5 370.62
造纸印刷和文教体育用品	10	9 890.47	35.90	12 108.82
石油、炼焦产品和核燃料加工品	11	1 441.14	132.27	44 614.29
化学产品	12	37 550.74	175.88	59 327.04
非金属矿物制品	13	7 117.11	63.57	21 441.15

续表

部门	代码	能耗（实物量）		
		原煤/万吨	原油/万吨	天然气/万立方米
金属冶炼和压延加工品	14	12 317.61	46.31	15 621.38
金属制品	15	9 233.92	40.98	13 822.36
通用设备	16	13 911.64	60.08	20 265.81
专用设备	17	5 280.25	20.27	6 835.97
交通运输设备	18	10 403.89	32.99	11 127.87
电气机械和器材	19	16 450.09	62.66	21 135.06
通信设备、计算机和其他电子设备	20	6 967.49	22.55	7 605.76
仪器仪表	21	2 086.35	7.69	2 595.08
其他制造产品和废品废料	22	2 278.80	3.69	1 242.98
金属制品、机械和设备修理服务	23	224.04	1.11	373.94
电力、热力的生产和供应	24	81 487.15	261.10	88 069.14
燃气生产和供应	25	106.78	10.83	3 651.95
水的生产和供应	26	749.13	1.75	588.69
建筑	27	25 653.85	156.05	52 637.88
批发和零售	28	5 232.37	13.62	4 594.50
交通运输、仓储和邮政	29	5 203.00	74.39	25 093.44
住宿和餐饮	30	4 709.44	15.75	5 311.13
信息传输、软件和信息技术服务	31	3 271.43	6.98	2 355.16
金融	32	2 902.24	6.18	2 083.65
房地产	33	2 355.36	4.63	1 561.95
租赁和商务服务	34	10 898.24	61.93	20 889.78
研究和试验发展	35	498.18	1.68	566.52
综合技术服务	36	1 721.86	5.07	1 708.66
水利、环境和公共设施管理	37	1 503.34	5.78	1 948.88
居民服务、修理和其他服务	38	1 321.56	7.23	2 438.44
教育	39	1 085.30	7.36	2 483.35
卫生和社会工作	40	4 125.40	10.83	3 651.63
文化、体育和娱乐	41	895.47	2.05	690.07
公共管理、社会保障和社会组织	42	1 477.12	2.72	915.93
合计		335 188.88	1 533.47	517 238.75

表 3-10　2002 年浙江省 42 个部门总产出的直接能源表观消费量

（单位：万吨）

部门	代码	折标煤	排序
电力、热力的生产和供应业	23	4 593.408 3	1
石油加工、炼焦及核燃料加工业	11	2 412.890 0	2
化学工业	12	1 602.597 8	3
非金属矿物制品业	13	883.808 9	4
纺织业	07	756.916 4	5
食品制造及烟草加工业	06	619.019 0	6
建筑业	26	595.170 0	7
交通运输及仓储业	27	548.580 7	8
造纸印刷及文教用品制造业	10	348.299 0	9
农业	01	303.003 8	10
通用、专用设备制造业	16	261.774 4	11
金属冶炼及压延加工业	14	225.414 6	12
服装皮革羽绒及其制品业	08	216.843 8	13
金属制品业	15	190.761 8	14
电气、机械及器材制造业	18	183.367 4	15
住宿和餐饮业	31	163.951 3	16
交通运输设备制造业	17	159.793 1	17
通信设备、计算机及其他电子设备制造业	19	111.147 1	18
批发和零售贸易业	30	107.540 2	19
燃气生产和供应业	24	94.002 3	20
水的生产和供应业	25	82.405 9	21
其他制造业	21	81.956 4	22
金融保险业	32	50.266 5	23
信息传输、计算机服务和软件业	29	47.743 9	24
公共管理和社会组织	42	43.405 5	25
教育事业	39	39.535 3	26
木材加工及家具制造业	09	31.575 6	27
其他社会服务业	38	30.306 5	28
非金属矿采选业	05	26.855 1	29
文化、体育和娱乐业	41	26.545 3	30

部门	代码	折标煤	排序
卫生、社会保障和社会福利业	40	22.376 7	31
仪器仪表及文化办公用机械制造业	20	20.343 8	32
租赁业和商务服务业	34	17.925 0	33
金属矿采选业	04	6.367 9	34
综合技术服务业	37	5.954 2	35
房地产业	33	4.059 8	36
旅游业	35	3.174 4	37
邮政业	28	3.015 4	38
科学研究事业	36	2.352 2	39
煤炭开采和洗选业	02	1.773 1	40
石油和天然气开采业	03	0.000 0	41
废品废料	22	0.000 0	42
合计		14 926.228 4	

表 3-11　2002 年浙江省 42 个部门总产出的全流程能源表观消费量

（单位：万吨）

部门	代码	折标煤	排序
化学工业	12	5 562.040 3	1
电力、热力的生产和供应业	23	5 064.960 3	2
纺织业	07	4 010.942 0	3
建筑业	26	3 600.962 5	4
石油加工、炼焦及核燃料加工业	11	2 581.909 4	5
通用、专用设备制造业	16	2 471.237 7	6
服装皮革羽绒及其制品业	08	2 272.098 4	7
电气、机械及器材制造业	18	2 176.890 5	8
非金属矿物制品业	13	1 948.680 8	9
食品制造及烟草加工业	06	1 685.652 6	10
造纸印刷及文教用品制造业	10	1 567.704 4	11
交通运输设备制造业	17	1 361.741 6	12
金属冶炼及压延加工业	14	1 268.972 8	13
金属制品业	15	1 164.819 8	14

部门	代码	折标煤	排序
交通运输及仓储业	27	1 141.626 0	15
农业	01	1 121.773 3	16
通信设备、计算机及其他电子设备制造业	19	1 065.270 2	17
批发和零售贸易业	30	658.989 2	18
住宿和餐饮业	31	614.044 2	19
其他制造业	21	544.092 0	20
公共管理和社会组织	42	476.648 6	21
仪器仪表及文化办公用机械制造业	20	440.743 6	22
木材加工及家具制造业	09	414.169 4	23
卫生、社会保障和社会福利业	40	399.579 8	24
教育事业	39	302.303 8	25
金融保险业	32	271.270 9	26
信息传输、计算机服务和软件业	29	270.500 9	27
租赁业和商务服务业	34	252.277 8	28
水的生产和供应业	25	184.328 2	29
文化、体育和娱乐业	41	164.037 1	30
燃气生产和供应业	24	134.321 0	31
非金属矿采选业	05	130.309 1	32
其他社会服务业	38	127.553 7	33
房地产业	33	99.310 5	34
综合技术服务业	37	84.762 9	35
科学研究事业	36	52.342 1	36
旅游业	35	47.080 8	37
金属矿采选业	04	28.733 0	38
邮政业	28	14.868 9	39
煤炭开采和洗选业	02	6.261 0	40
石油和天然气开采业	03	0.000 0	41
废品废料	22	0.000 0	42
合计		45 785.81	

表 3-12   2007 年浙江省 42 个部门总产出的直接能源表观消费量

（单位：万吨标准煤）

部门	代码	折标煤	排序
电力、热力的生产和供应业	23	6 646.496 8	1
石油加工、炼焦及核燃料加工业	11	3 553.836 3	2
化学工业	12	1 579.939 8	3
非金属矿物制品业	13	1 281.803 8	4
交通运输及仓储业	27	709.994 9	5
金属冶炼及压延加工业	14	565.370 3	6
纺织业	07	555.806 2	7
建筑业	26	410.997 2	8
通用、专用设备制造业	16	369.402 2	9
造纸印刷及文教体育用品制造业	10	346.219 6	10
金属制品业	15	212.324 7	11
燃气生产和供应业	24	207.192 8	12
纺织服装鞋帽皮革羽绒及其制品业	08	182.576 2	13
农林牧渔业	01	165.295 2	14
交通运输设备制造业	17	162.657 0	15
食品制造及烟草加工业	06	154.128 5	16
住宿和餐饮业	31	132.238 3	17
租赁和商务服务业	34	128.770 9	18
非金属矿及其他矿采选业	05	124.233 0	19
公共管理和社会组织	42	113.662 4	20
电气机械及器材制造业	18	107.288 3	21
工艺品及其他制造业	21	88.644 8	22
通信设备、计算机及其他电子设备制造业	19	65.742 0	23
木材加工及家具制造业	09	61.057 4	24
皮革、毛皮、羽毛及其制品	32	49.129 4	25
信息传输、计算机服务和软件业	29	36.446 4	26
仪器仪表及文化办公用机械制造业	20	33.265 0	27
批发和零售业	30	31.228 2	28
教育	39	30.282 0	29
水的生产和供应业	25	21.746 9	30

部门	代码	折标煤	排序
房地产业	33	19.218 8	31
居民服务和其他服务业	38	19.061 6	32
水利、环境和公共设施管理业	37	16.800 0	33
废品废料	22	13.022 9	34
文化、体育和娱乐业	41	12.227 6	35
卫生、社会保障和社会福利业	40	9.826 1	36
综合技术服务业	36	9.577 5	37
金属矿采选业	04	8.993 4	38
研究与试验发展业	35	5.608 7	39
邮政业	28	4.104 6	40
煤炭开采和洗选业	02	0.417 7	41
石油和天然气开采业	03	0.000 0	42
合计		18 246.635 4	

表 3-13　2007 年浙江省 42 个部门总产出的全流程能源表观消费量

（单位：万吨标准煤）

部门	代码	折标煤	排序
电力、热力的生产和供应业	23	9 655.285 7	1
化学工业	12	7 407.963 9	2
建筑业	26	5 270.787 1	3
纺织业	07	3 940.795 6	4
通用、专用设备制造业	16	3 776.319 2	5
石油加工、炼焦及核燃料加工业	11	3 593.186 7	6
金属冶炼及压延加工业	14	3 257.249 1	7
非金属矿物制品业	13	2 680.955 0	8
电气机械及器材制造业	18	2 593.774 2	9
交通运输设备制造业	17	2 199.854 1	10
金属制品业	15	2 034.166 3	11
纺织服装鞋帽皮革羽绒及其制品业	08	1 895.408 7	12
造纸印刷及文教体育用品制造业	10	1 697.245 7	13
交通运输及仓储业	27	1 663.836 4	14

续表

部门	代码	折标煤	排序
通信设备、计算机及其他电子设备制造业	19	1 451.185 9	15
木材加工及家具制造业	09	980.493 5	16
食品制造及烟草加工业	06	886.561 7	17
工艺品及其他制造业	21	782.271 1	18
租赁和商务服务业	34	729.937 4	19
农林牧渔业	01	660.712 4	20
住宿和餐饮业	31	630.395 1	21
公共管理和社会组织	42	578.993 6	22
批发和零售业	30	552.842 3	23
信息传输、计算机服务和软件业	29	381.280 0	24
卫生、社会保障和社会福利业	40	356.582 5	25
仪器仪表及文化办公用机械制造业	20	347.343 9	26
非金属矿及其他矿采选业	05	315.839 4	27
金融业	32	303.589 7	28
燃气生产和供应业	24	229.141 3	29
教育	39	215.285 5	30
废品废料	22	190.875 7	31
综合技术服务业	36	140.500 3	32
房地产业	33	137.762 0	33
居民服务和其他服务业	38	125.628 9	34
水利、环境和公共设施管理业	37	92.962 2	35
水的生产和供应业	25	90.431 9	36
文化、体育和娱乐业	41	85.897 6	37
金属矿采选业	04	42.470 6	38
研究与试验发展业	35	36.816 1	39
邮政业	28	22.624 7	40
煤炭开采和洗选业	02	1.114 7	41
石油和天然气开采业	03	0.000 0	42
合计		62 036.367 7	

表 3-14　2012 年浙江省 42 个部门总产出的直接能源表观消费量

（单位：万吨标准煤）

部门	代码	折标煤	排序
电力、热力的生产和供应	25	11 217.322 0	1
石油、炼焦产品和核燃料加工品	11	4 048.129 2	2
化学产品	12	2 907.680 0	3
非金属矿物制品	13	1 232.824 4	4
金属冶炼和压延加工品	14	1 107.041 4	5
建筑	28	812.016 8	6
纺织品	07	732.212 8	7
燃气生产和供应	26	652.509 7	8
交通运输、仓储和邮政	30	569.005 4	9
其他制造产品	22	564.192 0	10
造纸印刷和文教体育用品	10	544.635 7	11
金属制品	15	282.521 8	12
食品和烟草	06	228.317 1	13
通用设备	16	213.444 1	14
住宿和餐饮	31	212.585 7	15
居民服务、修理和其他服务	38	192.825 7	16
纺织服装鞋帽皮革羽绒及其制品	08	152.024 3	17
交通运输设备	18	143.582 6	18
批发和零售	29	143.349 5	19
电气机械和器材	19	139.128 9	20
木材加工品和家具	09	89.212 6	21
租赁和商务服务	35	88.116 0	22
专用设备	17	83.199 4	23
通信设备、计算机和其他电子设备	20	51.567 9	24
金融	33	49.988 4	25
非金属矿和其他矿采选产品	05	47.555 5	26
公共管理、社会保障和社会组织	42	38.871 5	27
金属制品、机械和设备修理服务	24	36.682 8	28
房地产	34	35.728 7	29
水的生产和供应	27	35.288 2	30

续表

部门	代码	折标煤	排序
水利、环境和公共设施管理	37	34.683 4	31
信息传输、软件和信息技术服务	32	31.258 8	32
教育	39	29.952 8	33
煤炭采选产品	02	24.167 9	34
农林牧渔产品和服务	01	22.499 3	35
卫生和社会工作	40	17.226 4	36
文化、体育和娱乐	41	15.872 2	37
科学研究和技术服务	36	15.655 0	38
废品废料	23	15.035 2	39
仪器仪表	21	12.231 7	40
金属矿采选产品	04	7.053 5	41
石油和天然气开采产品	03	0.000 0	42
合计		26 877.196 3	

表 3-15　2012 年浙江省 42 个部门总产出的全流程能源表观消费量

（单位：万吨标准煤）

部门	代码	折标煤	排序
电力、热力的生产和供应	25	23 433.183 3	1
化学产品	12	19 679.565 2	2
建筑	28	11 160.991 6	3
纺织品	07	8 091.927 6	4
金属冶炼和压延加工品	14	7 450.054 1	5
通用设备	16	5 269.547 3	6
电气机械和器材	19	4 836.152 1	7
造纸印刷和文教体育用品	10	4 740.970 3	8
非金属矿物制品	13	4 414.975 2	9
石油、炼焦产品和核燃料加工品	11	4 413.196 8	10
金属制品	15	3 977.081 6	11
交通运输设备	18	3 925.149 4	12
纺织服装鞋帽皮革羽绒及其制品	08	3 881.141 2	13
交通运输、仓储和邮政	30	2 470.927 3	14

部门	代码	折标煤	排序
专用设备	17	2 104.861 8	15
食品和烟草	06	2 021.016 6	16
通信设备、计算机和其他电子设备	20	1 645.220 0	17
木材加工品和家具	09	1 445.820 2	18
批发和零售	29	1 367.002 3	19
其他制造产品	22	1 298.687 2	20
租赁和商务服务	35	1 254.009 3	21
住宿和餐饮	31	1 131.195 0	22
金融	33	1 051.415 3	23
农林牧渔产品和服务	01	762.457 1	24
卫生和社会工作	40	703.735 8	25
信息传输、软件和信息技术服务	32	591.573 6	26
燃气生产和供应	26	560.277 9	27
仪器仪表	21	543.400 7	28
居民服务、修理和其他服务	38	516.182 2	29
科学研究和技术服务	36	512.695 1	30
教育	39	466.810 7	31
公共管理、社会保障和社会组织	42	412.261 4	32
废品废料	23	345.967 6	33
房地产	34	252.025 5	34
非金属矿和其他矿采选产品	05	239.837 7	35
文化、体育和娱乐	41	223.370 4	36
水的生产和供应	27	210.689 0	37
金属制品、机械和设备修理服务	24	206.630 9	38
水利、环境和公共设施管理	37	201.556 9	39
金属矿采选产品	04	51.470 9	40
煤炭采选产品	02	39.675 8	41
石油和天然气开采产品	03	0.000 0	42
合计		127 904.710 0	

表 3-16 2017 年浙江省 42 个部门总产出的直接能源表观消费量

（单位：万吨标准煤）

部门	代码	折标煤	排序
电力、热力的生产和供应	24	24 217.180 0	1
石油、炼焦产品和核燃料加工品	11	5 632.794 8	2
化学产品	12	2 458.508 3	3
交通运输、仓储和邮政	29	2 234.282 7	4
建筑	27	1 552.017 4	5
纺织品	07	1 470.624 3	6
金属冶炼和压延加工品	14	1 313.857 8	7
燃气生产和供应	25	1 104.552 6	8
租赁和商务服务	34	1 003.000 7	9
非金属矿物制品	13	958.079 1	10
电气机械和器材	19	788.845 3	11
通用设备	16	769.271 2	12
交通运输设备	18	762.496 0	13
造纸印刷和文教体育用品	10	637.006 8	14
食品和烟草	06	469.684 3	15
金属制品	15	426.425 4	16
纺织服装鞋帽皮革羽绒及其制品	08	369.872 6	17
通信设备、计算机和其他电子设备	20	360.864 6	18
住宿和餐饮	30	356.893 0	19
其他制造产品和废品废料	22	345.023 0	20
批发和零售	28	265.638 9	21
木材加工品和家具	09	226.070 1	22
专用设备	17	212.212 9	23
教育	39	148.034 5	24
居民服务、修理和其他服务	38	130.696 3	25
仪器仪表	21	112.410 8	26
农林牧渔产品和服务	01	101.406 2	27
房地产	33	97.470 4	28
金融	32	91.722 9	29
水利、环境和公共设施管理	37	72.196 9	30

续表

部门	代码	折标煤	排序
信息传输、软件和信息技术服务	31	64.216 2	31
综合技术服务	36	50.092 7	32
非金属矿和其他矿采选产品	05	48.938 9	33
公共管理、社会保障和社会组织	42	47.446 7	34
文化、体育和娱乐	41	33.065 1	35
卫生和社会工作	40	23.893 5	36
煤炭采选产品	02	21.818 6	37
水的生产和供应	26	21.164 1	38
金属制品、机械和设备修理服务	23	11.584 5	39
研究和试验发展	35	9.040 8	40
金属矿采选产品	04	6.894 4	41
石油和天然气开采产品	03	0.000 0	42
合计		49 027.295 3	

表 3-17　2017 年浙江省 42 个部门总产出的全流程能源表观消费量

（单位：万吨标准煤）

部门	代码	折标煤	排序
电力、热力的生产和供应	24	58 696.403 6	1
化学产品	12	27 152.668 1	2
建筑	27	18 617.494 1	3
纺织品	07	17 049.909 7	4
电气机械和器材	19	11 867.924 0	5
通用设备	16	10 049.873 2	6
金属冶炼和压延加工品	14	8 885.407 6	7
租赁和商务服务	34	7 900.871 5	8
交通运输设备	18	7 493.432 1	9
造纸印刷和文教体育用品	10	7 132.152 1	10
金属制品	15	6 672.717 3	11
纺织服装鞋帽皮革羽绒及其制品	08	5 452.202 4	12
非金属矿物制品	13	5 203.075 8	13
通信设备、计算机和其他电子设备	20	5 019.204 8	14

部门	代码	折标煤	排序
食品和烟草	06	3 939.709 8	15
交通运输、仓储和邮政	29	3 856.156 5	16
专用设备	17	3 809.724 9	17
批发和零售	28	3 763.052 5	18
住宿和餐饮	30	3 393.514 6	19
卫生和社会工作	40	2 967.094 0	20
木材加工品和家具	09	2 943.700 1	21
农林牧渔产品和服务	01	2 502.408 7	22
信息传输、软件和信息技术服务	31	2 349.887 9	23
金融	32	2 084.664 8	24
房地产	33	1 691.128 4	25
其他制造产品和废品废料	22	1 634.661 2	26
仪器仪表	21	1 504.723 9	27
石油、炼焦产品和核燃料加工品	11	1 277.700 0	28
综合技术服务	36	1 239.432 6	29
水利、环境和公共设施管理	37	1 084.678 4	30
公共管理、社会保障和社会组织	42	1 060.202 6	31
居民服务、修理和其他服务	38	957.560 9	32
教育	39	789.046 9	33
文化、体育和娱乐	41	643.474 4	34
水的生产和供应	26	538.380 4	35
非金属矿和其他矿采选产品	05	380.705 1	36
研究和试验发展	35	359.006 3	37
金属制品、机械和设备修理服务	23	162.114 3	38
燃气生产和供应	25	96.593 9	39
煤炭采选产品	02	41.901 0	40
金属矿采选产品	04	39.455 6	41
石油和天然气开采产品	03	0.000 0	42
合计		242 304.016 0	

3.3 浙江省各产业部门的碳排放

计算各部门的碳排放量，需要获取各能源类型的平均含碳量、能源中的非能源利用的比例及其固碳率以及作为燃料的能源燃烧时的碳氧化系数。其中，中国各种能源的平均含碳量见表3-18，各年能源中的非能源利用的比重来自《中国能源统计年鉴》，见表3-19 ~ 表3-22；非能源利用的固碳率来自《中国温室气体清单研究》，见表3-23，各种能源燃烧时的碳氧化系数见表3-24，2002 年、2007年、2012 年、2017 年浙江省 42 个部门总产出的直接能源消耗与全流程能源消耗的 CO_2 排放量计算结果具体见表 3-25 ~ 表 3-32。2002 ~ 2017 年浙江省三次产业总产出直接能源消耗的 CO_2 排放量见表 3-33。

表 3-18 各种能源的平均含碳量（中国参考方法）

（单位：吨碳/太焦）

燃料品种	平均含碳量	燃料品种	平均含碳量	燃料品种	平均含碳量
无烟煤	27.68	燃料油	21.09	石油脑	20.00
烟煤	26.03	汽油	18.90	沥青	22.00
褐煤	28.33	柴油	20.17	润滑油	20.00
炼焦煤	24.82	喷气煤油	19.50	石油焦	27.50
型煤	33.60	一般煤油	19.60	石化原料油	20.00
焦炭	29.41	液化天然气	17.20	其他油品	20.00
其他焦化产品	29.41	液化石油气	17.20	天然气	15.32
原油	20.08	炼厂干气	18.20		

资料来源：《中国能源统计年鉴》。

表 3-19 2002 年中国能源消费量中非能源利用

项目	煤合计	原煤	油品合计	原油	汽油	煤油	柴油	燃料油
能源终端消费量/万吨标准煤	27 685.81	25 052.84	31 849.14	973.24	5 516.22	1 352.52	10 842.51	3 822.43
非能源使用/万吨标准煤	582.02	566.13	6 154.5	160.19	13.24	3.87	37.88	165.53
非能源利用的比重/%	2.10	2.26	19.32	16.46	0.24	0.29	0.35	4.33

续表

项目	天然气	电力	热力	城市天然气	煤气	液化石油气	总量（发电煤耗计算法）	总量（电热当量计算法）
能源终端消费量/万吨标准煤	3 423.94	18 635.07	5 530.32	3 423.94	1 389.54	2 768.76	140 846.56	102 466.7
非能源使用/万吨标准煤	798.00	0.00	0.00	0.00	0.00	25.71	8 687.29	8 687.29
非能源利用的比重/%	23.31	—	—	—	—	0.93	6.17	8.48

资料来源：《中国能源统计年鉴2003》。

在能源统计年鉴的能源平衡表中涉及多种类型能源，油品合计包括煤油、柴油、燃料油、液化石油气、炼厂干气、其他石油制品、原油和汽油。本书计算只涉及其中一部分油品，所以此处油品合计与后面几项之和并不相等，但与统计年鉴中数据一致。

表 3-20　2007 年中国能源消费量中非能源利用

项目	煤合计	原煤	油品合计	原油	汽油	煤油	柴油	燃料油
能源终端消费量/万吨标准煤	45 104.87	39 264.08	48 820.02	1 405.91	8 120.67	1 830	17 866.41	4 822.18
非能源使用/万吨标准煤	2 274.04	2 056.99	4 755.5	186.99	27.13	7.76	41.07	133.78
非能源利用的比重/%	5.04	5.24	9.74	13.30	0.33	0.42	0.23	2.77

项目	天然气	电力	热力	城市天然气	煤气	液化石油气	总量（发电煤耗计算法）	总量（电热当量计算法）
能源终端消费量/万吨标准煤	7 705.78	37 668.97	8 710.22	50 645	2 260.17	3 979.1	253 861.48	183 546.07
非能源使用/万吨标准煤	1 330.93	0.00	0.00	0.00	0.00	89.87	9 745.12	9 745.12
非能源利用的比重/%	17.27	—	—	—	—	2.26	3.84	5.31

资料来源：《中国能源统计年鉴2008》。

表 3-21　2012 年中国能源消费量中非能源利用

项目	煤合计	原煤	油品合计	原油	汽油	煤油	柴油	燃料油
能源终端消费量/万吨标准煤	61 512.97	54 350.13	64 804.58	793.57	11 978.38	2 878.95	24 625.96	2 961.25
非能源使用/万吨标准煤	3 127.65	2 852.91	9 656.29	105.55	27.44	0.00	0.00	0.00
非能源利用的比重/%	5.08	5.25	14.90	13.30	0.23	—	—	—

项目	天然气	电力	热力	城市天然气	煤气	液化石油气	总量（发电煤耗计算法）	总量（电热当量计算法）
能源终端消费量/万吨标准煤	12 774.74	57 598.9	11 515.14	0.00	253.74	3 977.3	344 594.44	255 322.77
非能源使用/万吨标准煤	1 629.58	0.00	0.00	0.00	0.00	86.64	16 496.86	16 496.86
非能源利用的比重/%	12.76	—	—	—	—	2.18	4.79	6.46

资料来源：《中国能源统计年鉴 2013》。

表 3-22　2017 年中国能源消费量中非能源利用

项目	煤合计	原煤	油品合计	原油	汽油	煤油	柴油	燃料油
能源终端消费量/万吨标准煤	66 657.00	57 782.27	81 895.30	520.95	18 267.62	4 894.12	24 482.83	3 138.54
非能源使用/万吨标准煤	7 007.95	5 844.67	12 498.21	0.00	13.64	2.46	23.50	51.74
非能源利用的比重/%	10.51	10.11	15.26	—	0.07	0.05	0.10	1.65

项目	天然气	电力	热力	城市天然气	煤气	液化石油气	总量（发电煤耗计算法）	总量（电热当量计算法）
能源终端消费量/万吨标准煤	16 931.07	75 737.30	15 478.72	50 645	279.26	8 227.23	436 952.78	327 078.24
非能源使用/万吨标准煤	1 079.48	0.00	0.00	0.00	0.00	611.27	22 831.79	22 831.79
非能源利用的比重/%	6.38	—	—	—	—	7.43	5.23	6.98

资料来源：《中国能源统计年鉴 2018》。

表3-23 中国矿物燃料非能源利用的固碳率

燃料品种	固碳率	燃料品种	固碳率	燃料品种	固碳率
煤焦油	75.00%	一般煤油	50.00%	润滑油	50.00%
原油	50.00%	液化石油气	80.00%	石化原料油	75.00%
燃料油	50.00%	炼厂干气	80.00%	其他油品	50.00%
汽油	50.00%	石油脑	75.00%	天然气	100.00%
柴油	50.00%	沥青	100.00%	煤	40.00%

资料来源:《中国温室气体清单研究》。

表3-24 各种能源的碳氧化系数 (中国参考方法)

能源品种	碳氧化系数	能源品种	碳氧化系数	能源品种	碳氧化系数
无烟煤	0.918	燃料油	0.985	石油脑	0.990
烟煤	0.915	汽油	0.980	沥青	0.980
褐煤	0.9329	柴油	0.982	润滑油	0.980
炼焦煤	0.980	喷气煤油	0.980	石油焦	0.980
型煤	0.900	一般煤油	0.986	石化原料油	0.980
焦炭	0.928	液化天然气	0.990	其他油品	0.980
其他焦化产品	0.928	液化石油气	0.989	天然气	0.990
原油	0.979	炼厂干气	0.989		

资料来源:《中国温室气体清单研究》。

表3-25 2002年浙江省42个部门总产出直接能耗的 CO_2 排放量 (单位:吨)

部门	代码	碳排放总量	排序
电力、热力的生产和供应业	23	116 154 345.00	1
石油加工、炼焦及核燃料加工业	11	45 773 461.62	2
化学工业	12	38 457 223.63	3
非金属矿物制品业	13	22 228 772.88	4
纺织业	07	19 143 159.94	5
食品制造及烟草加工业	06	15 658 566.41	6
建筑业	26	13 856 367.88	7
交通运输及仓储业	27	11 775 585.50	8
造纸印刷及文教用品制造业	10	8 773 628.27	9
农业	01	6 748 926.11	10
通用、专用设备制造业	16	6 326 275.88	11
金属冶炼及压延加工业	14	5 599 899.08	12
服装皮革羽绒及其制品业	08	5 367 777.55	13

续表

部门	代码	碳排放总量	排序
金属制品业	15	4 757 556.94	14
电气、机械及器材制造业	18	4 474 440.56	15
住宿和餐饮业	31	4 132 697.73	16
交通运输设备制造业	17	3 695 792.19	17
通信设备、计算机及其他电子设备制造业	19	2 739 157.02	18
批发和零售贸易业	30	2 702 946.91	19
水的生产和供应业	25	2 104 092.33	20
燃气生产和供应业	24	2 062 863.76	21
其他制造业	21	1 995 096.81	22
信息传输、计算机服务和软件业	29	1 215 510.05	23
金融保险业	32	1 205 287.07	24
教育事业	39	990 588.00	25
公共管理和社会组织	42	989 897.59	26
木材加工及家具制造业	09	789 245.96	27
其他社会服务业	38	727 838.94	28
非金属矿采选业	05	669 875.44	29
文化、体育和娱乐业	41	660 785.08	30
卫生、社会保障和社会福利业	40	549 672.53	31
仪器仪表及文化办公用机械制造业	20	511 879.15	32
租赁业和商务服务业	34	427 829.23	33
金属矿采选业	04	157 199.30	34
综合技术服务业	37	143 170.34	35
房地产业	33	103 816.66	36
旅游业	35	79 276.51	37
邮政业	28	70 149.49	38
科学研究事业	36	57 235.19	39
煤炭开采和洗选业	02	43 862.01	40
石油和天然气开采业	03	0.00	41
废品废料	22	0.00	42
合计		353 921 752.54	

表3-26　2002年浙江省42个部门总产出全流程能耗的 CO_2 排放量 （单位：吨）

部门	代码	碳排放总量	排序
化学工业	12	130 113 586.20	1
电力、热力的生产和供应业	23	127 276 829.20	2
纺织业	07	96 669 562.36	3
建筑业	26	84 336 473.31	4
通用、专用设备制造业	16	58 355 819.54	5
服装皮革羽绒及其制品业	08	54 081 211.89	6
电气、机械及器材制造业	18	51 326 869.97	7
石油加工、炼焦及核燃料加工业	11	48 743 100.46	8
非金属矿物制品业	13	47 312 903.03	9
食品制造及烟草加工业	06	40 662 196.28	10
造纸印刷及文教用品制造业	10	37 689 274.77	11
交通运输设备制造业	17	32 065 184.96	12
金属冶炼及压延加工业	14	30 463 266.61	13
金属制品业	15	27 822 547.02	14
通信设备、计算机及其他电子设备制造业	19	25 317 977.60	15
农业	01	25 012 297.30	16
交通运输及仓储业	27	23 153 551.95	17
批发和零售贸易业	30	15 643 109.03	18
住宿和餐饮业	31	14 484 920.38	19
其他制造业	21	12 832 851.08	20
公共管理和社会组织	42	11 139 575.94	21
仪器仪表及文化办公用机械制造业	20	10 408 015.77	22
木材加工及家具制造业	09	9 717 605.25	23
卫生、社会保障和社会福利业	40	9 427 024.74	24
教育事业	39	7 265 297.47	25
信息传输、计算机服务和软件业	29	6 576 189.07	26
金融保险业	32	6 316 999.30	27
租赁业和商务服务业	34	5 787 599.61	28
水的生产和供应业	25	4 582 426.71	29
文化、体育和娱乐业	41	3 944 142.64	30
非金属矿采选业	05	3 095 101.46	31

部门	代码	碳排放总量	排序
其他社会服务业	38	2 989 908.98	32
燃气生产和供应业	24	2 641 852.83	33
房地产业	33	2 331 723.01	34
综合技术服务业	37	1 998 230.61	35
科学研究事业	36	1 229 976.28	36
旅游业	35	1 030 317.64	37
金属矿采选业	04	685 105.32	38
邮政业	28	340 111.73	39
煤炭开采和洗选业	02	148 899.41	40
石油和天然气开采业	03	0.00	41
废品废料	22	0.00	42
合计		1 075 019 636.71	

表 3-27　2007 年浙江省 42 个部门产出直接能耗的 CO_2 排放量（单位：吨）

部门	代码	碳排放总量	排序
电力、热力的生产和供应业	23	166 699 135.18	1
石油加工、炼焦及核燃料加工业	11	64 386 700.23	2
化学工业	12	37 080 669.36	3
非金属矿物制品业	13	31 279 876.66	4
交通运输及仓储业	27	15 036 904.31	5
金属冶炼及压延加工业	14	13 953 876.46	6
纺织业	07	13 900 529.65	7
建筑业	26	10 087 030.18	8
通用、专用设备制造业	16	8 753 958.80	9
造纸印刷及文教体育用品制造业	10	8 592 051.66	10
金属制品业	15	5 132 028.35	11
纺织服装鞋帽皮革羽绒及其制品业	08	4 498 449.47	12
食品制造及烟草加工业	06	3 829 975.54	13
燃气生产和供应业	24	3 719 465.32	14
交通运输设备制造业	17	3 695 091.99	15

续表

部门	代码	碳排放总量	排序
农林牧渔业	01	3 641 827.19	16
住宿和餐饮业	31	3 038 093.27	17
租赁和商务服务业	34	2 771 250.07	18
非金属矿及其他矿采选业	05	2 554 120.23	19
公共管理和社会组织	42	2 529 447.62	20
电气机械及器材制造业	18	2 510 565.92	21
工艺品及其他制造业	21	2 158 974.16	22
通信设备、计算机及其他电子设备制造业	19	1 603 587.44	23
木材加工及家具制造业	09	1 472 439.59	24
金融业	32	1 089 803.32	25
信息传输、计算机服务和软件业	29	917 781.10	26
仪器仪表及文化办公用机械制造业	20	782 910.51	27
批发和零售业	30	760 736.80	28
教育	39	719 394.29	29
水的生产和供应业	25	551 385.56	30
房地产业	33	429 164.66	31
居民服务和其他服务业	38	423 499.07	32
水利、环境和公共设施管理业	37	402 505.78	33
废品废料	22	302 169.99	34
文化、体育和娱乐业	41	294 962.48	35
卫生、社会保障和社会福利业	40	242 005.28	36
金属矿采选业	04	222 805.00	37
综合技术服务业	36	219 529.39	38
研究与试验发展业	35	124 442.03	39
邮政业	28	89 567.58	40
煤炭开采和洗选业	02	8 184.84	41
石油和天然气开采业	03	0.00	42
合计		420 506 896.33	

表 3-28　2007 年浙江省 42 个部门总产出全流程能耗的 CO_2 排放量　（单位：吨）

部门	代码	碳排放总量	排序
电力、热力的生产和供应业	23	237 977 326.83	1
化学工业	12	164 544 818.68	2
建筑业	26	122 825 619.65	3
纺织业	07	91 658 258.86	4
通用、专用设备制造业	16	87 373 165.13	5
金属冶炼及压延加工业	14	76 746 785.75	6
石油加工、炼焦及核燃料加工业	11	65 235 480.36	7
非金属矿物制品业	13	63 092 366.41	8
电气机械及器材制造业	18	59 642 337.17	9
交通运输设备制造业	17	50 554 563.99	10
金属制品业	15	47 438 128.65	11
纺织服装鞋帽皮革羽绒及其制品业	08	43 716 633.05	12
造纸印刷及文教体育用品制造业	10	39 544 691.99	13
通信设备、计算机及其他电子设备制造业	19	33 427 110.33	14
交通运输及仓储业	27	32 392 191.94	15
木材加工及家具制造业	09	22 350 089.58	16
食品制造及烟草加工业	06	20 120 641.95	17
工艺品及其他制造业	21	18 043 669.22	18
租赁和商务服务业	34	15 701 322.72	19
住宿和餐饮业	31	14 219 135.27	20
农林牧渔业	01	14 061 034.63	21
公共管理和社会组织	42	12 619 654.07	22
批发和零售业	30	11 803 704.87	23
信息传输、计算机服务和软件业	29	8 863 525.54	24
卫生、社会保障和社会福利业	40	8 121 278.85	25
仪器仪表及文化办公用机械制造业	20	7 987 296.39	26
非金属矿及其他矿采选业	05	6 784 070.17	27
金融业	32	6 569 113.88	28
教育	39	4 923 849.56	29
废品废料	22	4 378 760.55	30
燃气生产和供应业	24	4 156 553.75	31

续表

部门	代码	碳排放总量	排序
综合技术服务业	36	3 186 246.25	32
房地产业	33	3 039 090.03	33
居民服务和其他服务业	38	2 779 671.05	34
水的生产和供应业	25	2 177 484.25	35
水利、环境和公共设施管理业	37	2 112 921.60	36
文化、体育和娱乐业	41	1 972 787.42	37
金属矿采选业	04	994 497.87	38
研究与试验发展业	35	812 906.24	39
邮政业	28	474 201.64	40
煤炭开采和洗选业	02	24 034.39	41
石油和天然气开采业	03	0.00	42
合计		1 414 447 020.53	

表 3-29 2012 年浙江省 42 个部门总产出直接能耗的 CO_2 排放量（单位：吨）

部门	代码	碳排放总量	排序
电力、热力的生产和供应	25	279 846 814.30	1
石油、炼焦产品和核燃料加工品	11	73 538 920.73	2
化学产品	12	64 213 214.10	3
非金属矿物制品	13	30 365 332.94	4
金属冶炼和压延加工品	14	27 310 869.51	5
建筑	28	19 877 317.57	6
纺织品	07	18 256 771.84	7
其他制造产品	22	14 122 093.05	8
造纸印刷和文教体育用品	10	13 644 615.53	9
交通运输、仓储和邮政	30	11 871 569.42	10
燃气生产和供应	26	11 641 586.65	11
金属制品	15	6 748 538.59	12
食品和烟草	06	5 609 188.21	13
通用、专用设备制造业	16	5 125 806.33	14
住宿和餐饮	31	4 755 163.91	15

部门	代码	碳排放总量	排序
纺织服装鞋帽皮革羽绒及其制品	08	3 806 431.77	16
居民服务、修理和其他服务	38	3 768 345.89	17
交通运输设备	18	3 447 189.68	18
电气机械和器材	19	3 370 654.92	19
批发和零售	29	3 343 911.24	20
木材加工品和家具	09	2 190 408.88	21
专用设备	17	2 025 633.20	22
租赁和商务服务	35	1 874 981.92	23
通信设备、计算机和其他电子设备	20	1 287 199.03	24
金融	33	1 215 848.50	25
非金属矿和其他矿采选产品	05	1 166 133.89	26
公共管理、社会保障和社会组织	42	935 240.64	27
金属制品、机械和设备修理服务	24	903 059.10	28
水的生产和供应	27	900 638.25	29
房地产	34	870 731.11	30
水利、环境和公共设施管理	37	770 430.85	31
信息传输、软件和信息技术服务	32	768 161.56	32
教育	39	713 813.51	33
煤炭采选产品	02	604 987.67	34
农林牧渔产品和服务	01	533 253.85	35
卫生和社会工作	40	430 151.05	36
科学研究和技术服务	36	383 646.37	37
文化、体育和娱乐	41	375 755.32	38
废品废料	23	375 171.58	39
仪器仪表	21	306 634.14	40
金属矿采选产品	04	176 132.54	41
石油和天然气开采产品	03	0.00	42
合计		623 472 349.14	

表 3-30　2012 年浙江省 42 个部门总产出全流程能耗的 CO_2 排放量（单位：吨）

部门	代码	碳排放总量	排序
电力、热力的生产和供应	25	58 0391 499.23	1
化学产品	12	427 533 650.09	2
建筑	28	266 543 518.98	3
纺织品	07	186 664 148.61	4
金属冶炼和压延加工品	14	180 020 293.07	5
通用设备	16	125 471 174.34	6
电气机械和器材	19	113 283 233.35	7
造纸印刷和文教体育用品	10	112 882 156.05	8
非金属矿物制品	13	106 269 336.99	9
金属制品	15	94 895 710.87	10
交通运输设备	18	92 873 142.37	11
纺织服装鞋帽皮革羽绒及其制品	08	89 782 543.01	12
石油、炼焦产品和核燃料加工品	11	80 716 833.98	13
专用设备	17	50 130 024.15	14
交通运输、仓储和邮政	30	48 264 399.33	15
食品和烟草	06	47 396 452.58	16
通信设备、计算机和其他电子设备	20	38 705 314.77	17
木材加工品和家具	09	33 647 656.96	18
其他制造产品	22	31 646 695.95	19
批发和零售	29	30 757 064.06	20
租赁和商务服务	35	28 501 689.57	21
住宿和餐饮	31	26 866 937.18	22
金融	33	24 333 022.42	23
农林牧渔产品和服务	01	17 750 892.08	24
卫生和社会工作	40	16 182 646.37	25
信息传输、软件和信息技术服务	32	13 804 688.03	26
仪器仪表	21	12 710 665.63	27
科学研究和技术服务	36	11 931 516.96	28
居民服务、修理和其他服务	38	10 779 720.94	29
教育	39	10 414 582.32	30
燃气生产和供应	26	10 077 466.79	31

部门	代码	碳排放总量	排序
公共管理、社会保障和社会组织	42	9 349 730.40	32
废品废料	23	7 914 891.93	33
房地产	34	5 968 340.93	34
非金属矿和其他矿采选产品	05	5 597 863.43	35
文化、体育和娱乐	41	5 219 852.12	36
水的生产和供应	27	5 129 777.52	37
金属制品、机械和设备修理服务	24	4 946 970.33	38
水利、环境和公共设施管理	37	4 699 391.79	39
金属矿采选产品	04	1 236 208.13	40
煤炭采选产品	02	988 105.84	41
石油和天然气开采产品	03	0.00	42
合计		2 972 279 809.45	

表 3-31 2017 年浙江省 42 个部门总产出直接能耗的 CO_2 排放量（单位：吨）

部门	代码	碳排放总量	排序
电力、热力的生产和供应	24	596 217 203.01	1
石油、炼焦产品和核燃料加工品	11	118 016 210.04	2
化学产品	12	58 505 268.95	3
交通运输、仓储和邮政	29	40 357 797.12	4
纺织品	07	35 615 903.20	5
建筑	27	32 355 064.94	6
金属冶炼和压延加工品	14	32 093 969.87	7
非金属矿物制品	13	22 079 924.14	8
燃气生产和供应	25	21 408 292.05	9
租赁和商务服务	34	20 487 995.49	10
电气机械和器材	19	18 848 773.88	11
交通运输设备	18	18 517 027.15	12
通用设备	16	17 761 050.62	13
造纸印刷和文教体育用品	10	15 309 348.38	14
食品和烟草	06	11 182 486.81	15

续表

部门	代码	碳排放总量	排序
金属制品	15	9 941 903.61	16
纺织服装鞋帽皮革羽绒及其制品	08	8 967 012.20	17
通信设备、计算机和其他电子设备	20	8 780 367.52	18
其他制造产品和废品废料	22	8 369 769.36	19
住宿和餐饮	30	6 805 126.64	20
木材加工品和家具	09	5 310 314.23	21
批发和零售	28	5 232 125.64	22
专用设备	17	4 995 529.86	23
教育	39	2 808 585.85	24
仪器仪表	21	2 666 083.41	25
居民服务、修理和其他服务	38	2 501 409.86	26
农林牧渔产品和服务	01	2 329 919.46	27
房地产	33	2 238 786.68	28
金融	32	1 863 393.59	29
水利、环境和公共设施管理	37	1 647 369.81	30
信息传输、软件和信息技术服务	31	1 463 730.09	31
非金属矿和其他矿采选产品	05	1 080 341.59	32
公共管理、社会保障和社会组织	42	986 527.85	33
综合技术服务	36	972 911.09	34
文化、体育和娱乐	41	683 974.94	35
卫生和社会工作	40	539 780.37	36
煤炭采选产品	02	537 194.51	37
水的生产和供应	26	530 788.49	38
金属制品、机械和设备修理服务	23	256 617.23	39
研究和试验发展	35	179 014.70	40
金属矿采选产品	04	166 892.86	41
石油和天然气开采产品	03	0.00	42
合计		1 140 611 787.09	

表 3-32 2017 年浙江省 42 个部门总产出全流程能耗的 CO_2 排放量（单位：吨）

部门	代码	碳排放总量	排序
电力、热力的生产和供应	24	1 442 253 083.13	1
化学产品	12	666 670 890.22	2
建筑	27	456 782 384.71	3
纺织品	07	418 671 067.85	4
电气机械和器材	19	291 520 544.40	5
通用设备	16	246 797 653.08	6
金属冶炼和压延加工品	14	218 264 331.61	7
租赁和商务服务	34	193 888 419.53	8
交通运输设备	18	184 127 308.80	9
造纸印刷和文教体育用品	10	175 208 499.15	10
金属制品	15	163 853 827.01	11
纺织服装鞋帽皮革羽绒及其制品	08	133 987 289.32	12
非金属矿物制品	13	127 474 009.95	13
通信设备、计算机和其他电子设备	20	123 326 866.03	14
食品和烟草	06	96 800 568.81	15
交通运输、仓储和邮政	29	94 223 162.08	16
专用设备	17	93 579 669.23	17
批发和零售	28	92 492 244.92	18
住宿和餐饮	30	83 377 418.03	19
卫生和社会工作	40	72 927 553.37	20
木材加工品和家具	09	72 304 761.54	21
农林牧渔产品和服务	01	61 530 986.94	22
信息传输、软件和信息技术服务	31	57 772 061.55	23
金融	32	51 251 700.06	24
房地产	33	41 580 077.79	25
其他制造产品和废品废料	22	40 199 003.23	26
仪器仪表	21	36 963 954.83	27
综合技术服务	36	30 458 728.89	28
石油、炼焦产品和核燃料加工品	11	30 227 208.58	29
水利、环境和公共设施管理	37	26 643 282.78	30
公共管理、社会保障和社会组织	42	26 069 121.30	31

续表

部门	代码	碳排放总量	排序
居民服务、修理和其他服务	38	23 501 223.15	32
教育	39	19 352 453.19	33
文化、体育和娱乐	41	15 818 600.81	34
水的生产和供应	26	13 234 753.60	35
非金属矿和其他矿采选产品	05	9 334 489.18	36
研究和试验发展	35	8 820 525.90	37
金属制品、机械和设备修理服务	23	3 979 801.36	38
燃气生产和供应	25	2 277 537.51	39
煤炭采选产品	02	1 030 419.00	40
金属矿采选产品	04	969 688.74	41
石油和天然气开采产品	03	0.00	42
合计		5 949 547 171.16	

表3-33　2002～2017 年浙江省三次产业总产出直接能耗的 CO_2 排放量

年份	第一产业		第二产业		第三产业		合计	
	直接排放/吨	占比/%	直接排放/吨	占比/%	直接排放/吨	占比/%	直接排放/吨	占比/%
2002	6 748 926.11	1.91	321 340 539.60	90.79	25 832 286.82	7.30	353 921 752.5	100
2007	3 641 827.19	0.86	387 775 982.09	92.22	29 089 087.05	6.92	420 506 896.3	100
2012	533 253.85	0.08	590 861 344.00	94.77	32 077 751.29	5.15	623 472 349.1	100
2017	2 329 919.46	0.21	1 049 513 337.92	92.01	88 768 529.72	7.78	1 140 611 787	100

第一，由表3-33 可以发现，从碳排放总量视角出发，2002～2017 年，浙江省 42 个部门总产出的直接能耗与全流程能耗的碳排放总量持续增加，直接能耗二氧化碳排放量从 2002 年的 3.54 亿吨上升至 2017 年的 11.41 亿吨，年平均增长率为 8.11%；全流程能耗二氧化碳排放量从 2002 年的 10.75 亿吨上涨到 2017 年的 59.50 亿吨，年平均增长率为 12.08%。这可能与浙江省在研究期内的经济高速发展有关。2002～2017 年，浙江全省生产总值年均增长率达 13.45%，在经济扩张期间，必然会排放二氧化碳，尤其是在产业结构不合理、能源利用率低等因素的影响下，碳排量只增不减。

第二，从产业结构碳排放量视角出发，浙江省 2002～2017 年三次产业直接能源消耗二氧化碳排放量及其占比如表 3-33 所示。横向来看，第二产业直接碳排放量占比最大，且远高于第一、第三产业，说明第二产业对于总碳排放量起着决定性作用。纵向来看，2002～2012 年第二产业直接碳排放量占比呈上升趋势，而第三产业呈下降趋势，但在 2012～2017 年，第二产业直接碳排放占比下降，而第三产业占比上升。这可能是因为在 2015 年浙江省发布《浙江省人民政府办公厅关于加快发展生产性服务业促进产业结构调整升级的实施意见》，要求加快产业结构优化升级，因此使得这期间第二产业与第三产业的直接碳排放占比发生变化。

第三，从分行业部门碳排放量视角出发，根据直接能耗碳排放量部门排名可知，2002～2017 年，浙江省直接能源碳排放量排名前三的部门保持不变，电力、热力的生产和供应业，石油加工、炼焦及核燃料加工业，化学工业三部门始终占据着直接碳排放量的主要源头地位，部分行业部门的排名虽有变化，但起伏不大。根据全流程能耗碳排放量部门排名可知，除 2002 年外，2007～2017 年，浙江省全流程能耗碳排放量排名前三的部门保持不变，而在 2002 年时，纺织业的全流程能耗碳排放量排名第三位。由此可知，历年排名靠前的均是能源供给相关部门，可能的原因一方面是自"十二五""十三五"规划以来，浙江省经济快速发展，工业发展主要以化学、纺织等轻工业为主，对电力、热力、燃料等能源需求量大，进而使得这类行业部门的直接碳排放量较高；另一方面，全流程能耗的碳排放从全产业链视角出发，考察部门存在的隐含碳排放，上述排名靠前的产业部门，大致都位于产业链中游，与全产业链部门密切相关，容易承接大量上游部门的隐含碳排放，导致这类部门全流程能耗碳排放量大。

第4章 浙江省各产业部门的碳排放特性

4.1 计 算 方 法

生产者承担碳排放责任的基本逻辑是"谁污染谁付费",即谁直接受益于产生排放的生产活动,谁就应该承担排放责任。因此,工业生产的环境影响、碳排放责任都归咎于生产者。在能源的消费、污染的排放等核算方面的统计工作中,环境影响被视为工业生产过程的必然结果,而主导工业生产过程的生产者理应承担污染责任和排放责任。实践中,小到一个公司的环境污染报告清单,大到一个国家的温室气体清单,都遵循生产者责任原则。例如,IPCC 制定的国家温室气体清单,就是基于产品生产国负责而制定的。

进一步细化,在经济活动中,产业部门之间进行生产与消费活动是由供应链的上游延续至下游,在这过程中会产生相应的能源消耗和碳排放,而这些能耗和碳排放又随着产业部门间的生产与消费活动依次由上游产业部门转移到下游产业部门。因此,需要计算碳排放责任在各产业部门间的分担。

第 3 章计算了浙江省各产业部门的能源消耗和碳排放,但这些都是总量,不能直观地反映某一产业的高碳/低碳属性。为此,本书引入碳排放系数的概念。碳排放系数是指第 i 个部门单位总产出的碳排放量,定义如下:

$$m_i^L = \mathrm{CF}_i^\alpha / X_i \tag{4-1}$$

式中,CF_i^α 为 i 部门的碳直接排放总量($i = 1, 2, \cdots, S$);X_i 为 i 部门的总产出。

上述碳排放系数是根据直接碳排放来定义的,称为直接碳排放系数(简称"直排系数")。但是,在经济部门中,还存在着一类产业,其本身的能源消耗和碳排放并不大,但其上游产业属于高耗能、高排放的产业,这些产业中包含了较多的"内涵能"(embodied energy)和"内涵碳"(embodied carbon)。因此,需要进一步引入完全碳排放系数(简称"完排系数"),定义如下:

$$m_i^\alpha = \sum_j d_j b_{ji} \qquad (4\text{-}2)$$

式中，d_j 为直接排放系数向量 $[\, d_j = m^L = (m_1^L, \ m_2^L \sim m_{42}^L)\,]$；$b_{ij}$ 为 j 部门单位最终产品的生产对第 i 部门总产出的消耗 $[\, b_{ij} = (I-A)^{-1} = M+I,\ (I-A)^{-1}$ 为列昂惕夫逆矩阵，A 为直接消耗系数矩阵，M 为完全消耗系数矩阵，I 为单位矩阵 $]$。

4.2 结果分析

分别将各部门总产出的直接能源消耗的 CO_2 排放量代入公式，可得 2002 年、2007 年、2012 年、2017 年 42 个部门的直排系数和完排系数，计算结果见表 4-1 ~ 表 4-4。

表 4-1　2002 年浙江省 42 个部门直排系数和完排系数

部门	直排系数/（吨/万元）	直排系数排序	完排系数/（吨/万元）	完排系数排序
农业	0.5703	19	3.1639	30
煤炭开采和洗选业	0.4747	21	2.4026	34
石油和天然气开采业	0.0000	42	0.0000	42
金属矿采选业	1.0665	10	6.7585	9
非金属矿采选业	1.0944	9	7.2342	6
食品制造及烟草加工业	1.5168	8	4.9440	20
纺织业	0.8641	13	5.8177	14
服装皮革羽绒及其制品业	0.3278	27	4.4823	22
木材加工及家具制造业	0.2425	31	4.2223	23
造纸印刷及文教用品制造业	1.0526	11	6.1575	11
石油加工、炼焦及核燃料加工业	14.6429	2	17.3555	3
化学工业	1.5829	7	7.1287	7
非金属矿物制品业	3.6623	5	10.0131	5
金属冶炼及压延加工业	0.9124	12	6.9714	8
金属制品业	0.7359	16	5.9436	13
通用、专用设备制造业	0.3826	24	5.0130	19
交通运输设备制造业	0.4239	22	5.1636	17
电气、机械器材制造业	0.3279	26	5.3542	15

部门	直排系数/ （吨/万元）	直排系数 排序	完排系数/ （吨/万元）	完排系数 排序
通信设备、计算机及其他电子设备制造业	0.3964	23	5.1096	18
仪器仪表及文化办公用机械制造业	0.1469	37	4.2144	24
其他制造业	0.5730	18	5.1671	16
废品废料	0.0000	42	0.0000	42
电力、热力的生产和供应业	22.4413	1	26.1706	1
燃气生产和供应业	10.9834	3	24.6575	2
水的生产和供应业	4.6817	4	15.1011	4
建筑业	0.7628	15	6.4654	10
交通运输及仓储业	1.7761	6	5.9687	12
邮政业	0.2958	28	2.1829	35
信息传输、计算机服务和软件业	0.3304	25	2.5836	33
批发和零售贸易业	0.1955	33	1.6719	38
住宿和餐饮业	0.7807	14	4.1763	25
金融保险业	0.2622	29	2.0614	37
房地产业	0.0437	40	1.4136	40
租赁业和商务服务业	0.0779	38	1.5970	39
旅游业	0.2316	32	4.6866	21
科学研究事业	0.0690	39	2.1613	36
综合技术服务业	0.1653	35	3.3179	29
其他社会服务业	0.5838	17	3.4282	28
教育事业	0.2564	30	2.7127	32
卫生、社会保障和社会福利业	0.1648	36	3.9506	27
文化、体育和娱乐业	0.4756	20	4.0547	26
公共管理和社会组织	0.1915	34	3.0863	31

表 4-2　2007 年浙江省 42 个部门直排系数和完排系数

部门	直排系数/ （吨/万元）	直排系数 排序	完排系数/ （吨/万元）	完排系数 排序
农林牧渔业	0.2281	18	1.3466	36
煤炭开采和洗选业	0.4949	10	1.9866	26

部门	直排系数/ (吨/万元)	直排系数 排序	完排系数/ (吨/万元)	完排系数 排序
石油和天然气开采业	0.0000	42	0.0000	42
金属矿采选业	0.4035	12	2.5580	19
非金属矿及其他矿采选业	1.2105	5	4.4812	5
食品制造及烟草加工业	0.2249	20	1.6650	30
纺织业	0.2856	14	2.6569	16
纺织服装鞋帽皮革羽绒及其制品业	0.1560	26	2.1343	24
木材加工及家具制造业	0.1193	31	2.5528	20
造纸印刷及文教体育用品制造业	0.5070	9	3.1436	11
石油加工、炼焦及核燃料加工业	6.9651	2	7.1244	3
化学工业	0.5670	8	3.6169	8
非金属矿物制品业	2.3883	4	5.9894	4
金属冶炼及压延加工业	0.4823	11	3.6379	7
金属制品业	0.2530	15	3.2784	10
通用、专用设备制造业	0.1975	23	2.8182	14
交通运输设备制造业	0.1360	30	2.6337	17
电气机械及器材制造业	0.0810	35	2.7291	15
通信设备、计算机及其他电子设备制造业	0.0794	36	2.3735	22
仪器仪表及文化办公用机械制造业	0.1796	25	2.5854	18
工艺品及其他制造业	0.2391	17	2.8300	13
废品废料	0.1161	32	2.4676	21
电力、热力的生产和供应业	7.8649	1	13.7234	1
燃气生产和供应业	5.7468	3	7.6794	2
水的生产和供应业	0.7414	7	4.4575	6
建筑业	0.2108	21	3.4827	9
交通运输及仓储业	0.9041	6	3.1421	12
邮政业	0.1511	28	1.2295	37
信息传输、计算机服务和软件业	0.1047	33	1.4926	34
批发和零售业	0.0317	41	0.7556	39
住宿和餐饮业	0.3222	13	2.2807	23
金融业	0.0746	38	0.6836	40
房地产业	0.0359	40	0.3781	41

续表

部门	直排系数/ (吨/万元)	直排系数 排序	完排系数/ (吨/万元)	完排系数 排序
租赁和商务服务业	0.2412	16	2.0611	25
研究与试验发展业	0.1896	24	1.8522	28
综合技术服务业	0.0750	37	1.5883	31
水利、环境和公共设施管理业	0.2262	19	1.7991	29
居民服务和其他服务业	0.1453	29	1.4224	35
教育	0.0965	34	0.9827	38
卫生、社会保障和社会福利业	0.0384	39	1.8597	27
文化、体育和娱乐业	0.1529	27	1.5296	33
公共管理和社会组织	0.2037	22	1.5587	32

表 4-3 2012 年浙江省 42 个部门直排系数和完排系数

部门	直排系数/ (吨/万元)	直排系数 排序	完排系数/ (吨/万元)	完排系数 排序
农林牧渔产品和服务	0.0201	40	0.8508	37
煤炭采选产品	7.4805	1	12.6653	2
石油和天然气开采产品	0.0000	41	0.0000	42
金属矿采选产品	0.3695	13	3.1071	14
非金属矿和其他矿采选产品	0.6461	7	4.1424	8
食品和烟草	0.1839	20	2.0158	26
纺织品	0.0000	42	2.5860	18
纺织服装鞋帽皮革羽绒及其制品	0.0767	27	2.0888	25
木材加工品和家具	0.1148	21	2.1923	23
造纸印刷和文教体育用品	0.3570	14	3.3337	12
石油、炼焦产品和核燃料加工品	4.8319	4	5.5118	5
化学产品	0.5061	8	3.7117	10
非金属矿物制品	1.3502	6	5.3731	6
金属冶炼和压延加工品	0.4894	10	4.2437	7
金属制品	0.2037	19	3.3885	11

续表

部门	直排系数/（吨/万元）	直排系数排序	完排系数/（吨/万元）	完排系数排序
通用设备	0.0885	23	2.7408	16
专用设备	0.0816	25	2.4821	19
交通运输设备	0.0704	28	2.3543	21
电气机械和器材	0.0564	31	2.7506	15
通信设备、计算机和其他电子设备	0.0524	33	2.2464	22
仪器仪表	0.0389	36	2.1883	24
其他制造产品	2.5705	5	6.3102	4
废品废料	0.0948	22	2.4626	20
金属制品、机械和设备修理服务	0.4271	12	2.6675	17
电力、热力的生产和供应	6.4927	2	15.7503	1
燃气生产和供应	5.7382	3	7.2512	3
水的生产和供应	0.4982	9	3.9262	9
建筑	0.2185	17	3.2778	13
批发和零售	0.0612	29	0.7608	38
交通运输、仓储和邮政	0.3283	15	1.8898	28
住宿和餐饮	0.2382	16	1.8679	29
信息传输、软件和信息技术服务	0.0467	34	1.1538	35
金融	0.0232	39	0.6547	40
房地产	0.0361	37	0.3391	41
租赁和商务服务	0.0828	24	1.6011	33
科学研究和技术服务	0.0438	35	1.7927	32
水利、环境和公共设施管理	0.2183	18	1.8221	31
居民服务、修理和其他服务	0.4390	11	1.9308	27
教育	0.0587	30	1.1306	36
卫生和社会工作	0.0309	38	1.8330	30
文化、体育和娱乐	0.0794	26	1.5798	34
公共管理、社会保障和社会组织	0.0541	32	0.7569	39

表 4-4 2017 年浙江省 42 个部门直排系数和完排系数

部门	直排系数/ (吨/万元)	直排系数 排序	完排系数/ (吨/万元)	完排系数 排序
农林牧渔产品和服务	0.0678	34	2.1220	35
煤炭采选产品	11.6155	2	22.6812	2
石油和天然气开采产品	0.0000	42	0.0000	42
金属矿采选产品	0.7352	7	4.7770	13
非金属矿和其他矿采选产品	0.4501	10	4.9350	10
食品和烟草	0.3414	14	3.4789	25
纺织品	0.4950	9	6.5739	4
纺织服装鞋帽皮革羽绒及其制品	0.1657	31	2.9375	28
木材加工品和家具	0.2277	26	3.6729	23
造纸印刷和文教体育用品	0.3310	15	4.3447	17
石油、炼焦产品和核燃料加工品	4.9711	4	6.4053	6
化学产品	0.4223	12	5.5597	9
非金属矿物制品	0.8222	6	5.8186	8
金属冶炼和压延加工品	0.8367	5	6.2074	7
金属制品	0.2575	19	4.8484	12
通用设备	0.2732	17	4.3878	15
专用设备	0.1846	30	3.9874	20
交通运输设备	0.3524	13	3.9634	21
电气机械和器材	0.2469	23	4.3635	16
通信设备、计算机和其他电子设备	0.2567	20	4.1036	19
仪器仪表	0.2132	28	3.4899	24
其他制造产品和废品废料	0.4419	11	2.3723	34
金属制品、机械和设备修理服务	0.2634	18	4.8717	11
电力、热力的生产和供应	11.6230	1	29.1037	1
燃气生产和供应	5.7569	3	8.5568	3
水的生产和供应	0.2293	25	6.4201	5
建筑	0.2369	24	4.1058	18

部门	直排系数/ （吨/万元）	直排系数 排序	完排系数/ （吨/万元）	完排系数 排序
批发和零售	0.0492	35	1.2301	40
交通运输、仓储和邮政	0.5668	8	3.0944	26
住宿和餐饮	0.1874	29	2.8938	29
信息传输、软件和信息技术服务	0.0427	36	2.0356	36
金融	0.0354	39	1.2891	39
房地产	0.1194	32	2.6117	31
租赁和商务服务	0.3073	16	3.7470	22
研究和试验发展	0.0424	37	2.5793	33
综合技术服务	0.0413	38	1.7065	38
水利、环境和公共设施管理	0.2499	22	4.7722	14
居民服务、修理和其他服务	0.2167	27	2.7844	30
教育	0.2545	21	2.6114	32
卫生和社会工作	0.0189	41	2.9816	27
文化、体育和娱乐	0.0718	33	2.0341	37
公共管理、社会保障和社会组织	0.0329	40	1.1384	41

表4-5列出了2002～2017年浙江省各行业部门碳排放特性划分情况。总体来看，可以将产业部门分为三大类：第一类是碳排放特征明显而稳定的高碳部门，如电力、热力的生产和供应，石油、炼焦产品和核燃料加工品，非金属矿物制品，非金属矿和其他矿采选产品，化学产品，金属冶炼和压延加工品等，这些产业部门无论从哪个角度来衡量都是"碳排大户"，大多属于能源重化工业和制造业；第二类是低碳产业，如信息传输、软件和信息技术服务，金融，科学研究和技术服务等产业部门，位居碳排放系数的靠后位置，无论从直排系数还是完排系数来看，都属于典型的低碳产业，且基本上都属于第三产业；第三类则是碳排放特征依赖衡量角度、变化较为明显，直接排放与完全排放差别很大的部门，产业隐含碳排放量较大，属于伪低碳部门。在研究期内，从直排系数到完排系数变化最大的包括部分生产性服务业和制造业等。

表 4-5　2002～2017 年浙江省各行业部门碳排放特性划分

年份	高碳部门	低碳部门	伪低碳部门
2002	废品废料，石油、炼焦产品和核燃料加工品，金属制品、机械和设备修理服务，电力、热力的生产和供应，非金属矿物制品，化学产品，非金属矿和其他矿采选产品，金属矿采选产品，金属冶炼和压延加工品等	交通运输、仓储和邮政，信息传输、软件和信息技术服务，金融，房地产，科学研究和技术服务，水利、环境和公共设施管理，公共管理、社会保障和社会组织等	木材加工品和家具，交通运输设备，通信设备、计算机和其他电子设备，租赁和商务服务，卫生和社会工作等
2007	废品废料，石油、炼焦产品和核燃料加工品，金属制品、机械和设备修理服务，非金属矿物制品，非金属矿和其他矿采选产品，电力、热力的生产和供应，化学产品，造纸印刷和文教体育用品，金属冶炼和压延加工品等	金融，交通运输、仓储和邮政，信息传输、软件和信息技术服务，教育，科学研究和技术服务，批发和零售，居民服务、修理和其他服务等	交通运输设备，电气机械和器材，专用设备，燃气生产和供应，卫生和社会工作，木材加工品和家具，其他制造产品等
2012	煤炭采选产品，电力、热力的生产和供应，燃气生产和供应，石油、炼焦产品和核燃料加工品，其他制造产品，非金属矿物制品，非金属矿和其他矿采选产品，化学产品，水的生产和供应，金属冶炼和压延加工品等	金融，房地产，科学研究和技术服务，公共管理、社会保障和社会组织，信息传输、软件和信息技术服务，教育，农林牧渔产品和服务等	电气机械和器材，仪器仪表，通信设备、计算机和其他电子设备，金属制品，卫生和社会工作，通用设备等
2017	电力、热力的生产和供应，煤炭采选产品，燃气生产和供应，石油、炼焦产品和核燃料加工品，非金属矿物制品，金属冶炼和压延加工品，纺织品，化学产品，非金属矿和其他矿采选产品等	公共管理、社会保障和社会组织，金融，综合技术服务，研究和试验发展，信息传输、软件和信息技术服务，批发和零售，农林牧渔产品和服务，文化、体育和娱乐，房地产等	水的生产和供应，卫生和社会工作，专用设备，水利、环境和公共设施管理，金属制品、机械和设备修理服务，金属制品，电气机械和器材等

由表 4-5 可知，在 2002～2017 年各部门碳排放特性变化不大，只有少数行业部门的碳排放特性有所变动。其中，2012 年与 2017 年内农林牧渔产品和服务部门被划入低碳部门，可能的原因是政府实施了强制性规定，2010 年浙江省政

府发布《浙江省人民政府办公厅关于进一步加强农业综合开发工作的意见》，2014 年又发布《浙江省人民政府办公厅关于加快发展现代生态循环农业的意见》，要求必须转变农业发展方式，推动农业科技进步，合理开发利用农业资源，坚持农业现代化建设，得益于此，浙江省农业由高碳部门转向低碳部门。

总体而言，与直接碳排放系数相比，完全碳排放系数能更为合理地度量各产业部门实际的碳排放程度，更具有参考价值。立足于节能减排的角度，应尤其关注隐含碳排放较大的伪低碳产业，加强对此类产业的能耗、碳排放控制，是实现节能减排的关键。

| 第 5 章 |　浙江省各产业部门碳排放责任分担

5.1　计　算　方　法

根据公平性原则，环境责任的分担应当从受益者的角度出发，在二氧化碳排放中不应该只考虑直接排放的生产者的责任，考虑最终受益的消费者的责任也是必要且合理的。因此，自从消费者责任理论在气候变化领域提出以来，基于消费的碳排放责任日益成为政策制定的分析基础。

消费者承担碳排放责任的基本逻辑是"谁受益谁补偿"原则：人类消费的物品主要来自生态环境，消费行为本身是在环境中进行的，个体消费是生态经济大系统中能量转换与物质循环的重要环节。因而，人类的消费与生态环境息息相关，人类消费在整体上构成了经济系统对生态系统能量与物质的最大消耗。需求是供给的动力，消费是生产的源泉，最终消费是造成环境压力维持在高水平而且还在不断增加的本源所在。然而，消费者并非能源消耗和碳排放的唯一受益方，生产者也从中获得了就业、工资、利润等利益。因此，合理的责任分担模式是共同分担责任。共同分担责任的基本逻辑是：生产者的生产行为和结果对环境直接造成了影响，而消费者对商品的消费需求才是这一污染性行为发生的根源。也就是说，在任何商品生产及产生环境影响的过程中，总有生产者与消费者、需求者与供给者双方的影子。因此，责任共担才真正符合风险、收益对等的原则。

在经济活动中，产业部门之间进行生产与消费活动是由供应链的上游延续至下游，并结束于最终消费，在此过程中会产生相应的内涵碳排放，即完全碳排放。而这些完全碳排放又随着产业部门间的生产与消费活动依次由上游产业部门转移到下游产业部门，直到最终消费。这里，其他各产业部门对于产业部门 i 来说处于供应链的上游，产业部门 i 对其他各产业部门进行消费，在消费过程中，其他各产业部门对产业部门 i 进行完全碳排放的转移。

$$e_i^a = e_i^L + \sum_{i=1}^{S} e_{ji}^a, \quad i = 1 \sim S \tag{5-1}$$

式中，e_i^α 为部门 i 的内涵碳排放量；e_i^L 为部门 i 的直接碳排放量；e_{ji}^a 为 j 部门对 i 部门的完全碳排放量。

式（5-1）表示产业部门 i 的内涵碳排放量等于该产业部门的碳直接排放量加上其他各产业部门对该产业部门的完全碳排放。

$$\sum_{j=0}^{S} e_{ji}^a = a_I e_i^a, i = 1 \sim S \tag{5-2}$$

式（5-2）表明产业部门 i 向其他产业部门转移的完全碳排放的总额等于产业部门 i 完全碳排放量乘以该产业部门的消费者碳减排责任的份额。这里，产业部门 i 对于其他各产业部门来说处于供应链的上游，其他各产业部门对产业部门 i 进行消费，消费过程中产业部门 i 对其他各产业部门进行完全碳排放的转移。

产业部门 i 在消费过程中接受了上游产业部门对该部门完全碳排放的转移，而在下游产业部门对该产业部门进行消费的过程中，该产业部门并没有将之前吸收的完全碳排放全部转移出去，而滞留了一部分在产业部门内部，并将其作为该产业部门的生产者应当承担的碳排放责任。而转移出去的部分是该产业部门的消费者应当承担的碳排放责任。本书将产业部门 i 转移出去的完全碳排放占该产业部门总完全碳排放的比例称为消费者碳减排责任的份额 a_i，生产者碳减排责任的份额则为 $1-a_i$。

$$1-a_i = \frac{x_{oi}}{X_i x_{ij}}, \quad i = 1 \sim S, j = 1 \sim S \tag{5-3}$$

式中，$1-\alpha_i$ 为生产者碳减排责任份额；x_{oi} 为部门 i 增加值；X_i 为总投入；x_{ij} 为自给投入。该式进一步假设产业部门间的内涵碳排放遵循以下因果关系：

$$e_{ij}^a = a_i m_i^a x_{ij}, \quad i = 1 \sim S, j = 0 \sim S \tag{5-4}$$

式中，e_{ij}^α 为部门 i 对部门 j 的完全碳排放量（消费者碳减排责任）；α_i 为消费者碳减排份额；m_i^α 为完排系数；x_{ij} 为投入产出额。由式（5-2）与式（5-4）可以得出以下表达式：

$$e_i^a = m_i^a X_i, \quad i = 1 \sim S \tag{5-5}$$

式中，e_i^α 为部门 i 的完全碳排放；m_i^α 为完全碳排放系数；X_i 为部门总产出。在对各产业部门在生产与消费行为中产生完全碳排放的间接效应和转移机制进行分析后，本书得出各部门的生产者碳减排责任与消费者碳减排责任的计算公式：

$$U_i^{ac} = e_{i0}^a, \quad i = 1 \sim S \tag{5-6}$$

$$U_i^{ap} = (1 - a_i) \times e_i^a, \quad i = 1 \sim S \tag{5-7}$$

式中，U_i^{ac} 为产业部门 i 的消费者碳减排责任，它表示该产业部门向最终需求部门的完全碳排放转移，由该产业部门的最终消费者来承担这部分的碳减排责任，责任的大小与该产业部门在供应链上离最终消费的距离成反比；U_i^{ap} 为产业部门 i 的生产者碳减排责任，它表示产业部门 i 的完全碳排放滞留在该产业部门的部分，这部分的碳减排责任则由该产业部门的生产者来承担。式中其余部分与前述一致。

式（5-7）表示产业部门 i 的生产者碳减排责任，它等于产业部门 i 的完全碳排放滞留在该产业部门的部分，这部分的碳减排责任则由该产业部门的生产者来承担。

继续代入式（5-4）和式（5-5），得出各产业部门的生产者碳减排责任与消费者碳减排责任的最终计算表达式：

$$U_i^{ac} = e_{i0}^a = a_i m_i^a x_{i0}, \quad i = 1 \sim S \tag{5-8}$$

$$U_i^{ap} = (1 - a_i) e_i^a = (1 - a_i) m_i^a x_i, \quad i = 1 \sim S \tag{5-9}$$

根据投入产出理论，m_i 的行向量 m^a 的计算公式如下：

$$m^a = m^L (I - A)^{-1} \tag{5-10}$$

最后，将产业部门 i 的生产者碳减排责任［式（5-8）］与消费者碳减排责任［式（5-9）］进行加总，构成该产业部门的总碳减排责任（U_i^α），如式（5-11）所示

$$U_i^\alpha = U_i^{ap} + U_i^{ac}, \quad i = 1 \sim S \tag{5-11}$$

5.2 结果分析

浙江各产业部门2002年、2007年、2012年、2017年的碳减排责任（包括生产者碳减排责任与消费者碳减排责任）计算结果见表5-1～表5-4。

表5-1　2002年浙江省42个部门碳减排责任　（单位：吨）

部门	代码	生产者碳减排责任	消费者碳减排责任	总碳减排责任
农业	01	25 755 070.75	7 113 172.03	32 868 242.78
煤炭开采和洗选业	02	168 393.92	40 652.76	209 046.68

部门	代码	生产者碳减排责任	消费者碳减排责任	总碳减排责任
石油和天然气开采业	03	0.00	0.00	0.00
金属矿采选业	04	273 396.79	175 669.48	449 066.27
非金属矿采选业	05	1 107 758.20	755 819.36	1 863 577.56
食品制造及烟草加工业	06	17 876 616.04	8 911 769.56	26 788 385.60
纺织业	07	46 195 994.10	17 202 227.20	63 398 221.30
服装皮革羽绒及其制品业	08	16 540 219.40	10 997 020.03	27 537 239.43
木材加工及家具制造业	09	3 182 659.55	2 068 785.68	5 251 445.23
造纸印刷及文教用品制造业	10	17 285 314.98	7 097 209.15	24 382 524.13
石油加工、炼焦及核燃料加工业	11	8 801 565.76	6 426 537.84	15 228 103.60
化学工业	12	63 419 680.97	21 882 210.95	85 301 891.92
非金属矿物制品业	13	14 713 402.22	9 736 360.36	24 449 762.58
金属冶炼及压延加工业	14	11 254 280.63	4 073 081.85	15 327 362.48
金属制品业	15	8 175 102.89	5 650 860.33	13 825 963.22
通用、专用设备制造业	16	24 041 814.05	14 102 786.71	38 144 600.76
交通运输设备制造业	17	11 567 334.03	7 130 502.10	18 697 836.13
电气、机械及器材制造业	18	16 362 472.88	11 095 558.09	27 458 030.97
通信设备、计算机及其他电子设备制造业	19	9 320 427.76	5 090 302.98	14 410 730.74
仪器仪表及文化办公用机械制造业	20	4 762 939.92	2 409 958.70	7 172 898.62
其他制造业	21	4 215 254.71	3 099 929.63	7 315 184.34
废品废料	22	0.00	0.00	0.00
电力、热力的生产和供应业	23	73 181 178.77	31 104 339.21	104 285 518.00
燃气生产和供应业	24	620 144.06	512 574.59	1 132 718.65
水的生产和供应业	25	2 673 567.57	1 566 999.74	4 240 567.31
建筑业	26	27 509 262.72	21 065 433.61	48 574 696.33
交通运输及仓储业	27	22 366 257.42	9 033 866.54	31 400 123.96
邮政业	28	316 009.99	122 951.46	438 961.45
信息传输、计算机服务和软件业	29	5 969 103.68	2 149 254.96	8 118 358.64
批发和零售贸易业	30	16 460 397.31	4 724 352.30	21 184 749.61
住宿和餐饮业	31	9 456 245.16	5 404 176.18	14 860 421.34
金融保险业	32	6 425 754.54	2 059 342.13	8 485 096.67

续表

部门	代码	生产者碳减排责任	消费者碳减排责任	总碳减排责任
房地产业	33	2 422 294.82	676 554.76	3 098 849.58
租赁业和商务服务业	34	6 073 484.43	1 206 685.63	7 280 170.06
旅游业	35	347 786.73	142 198.70	489 985.43
科学研究事业	36	870 840.29	422 778.01	1 293 618.30
综合技术服务业	37	1 056 809.55	648 545.81	1 705 355.36
其他社会服务业	38	2 131 159.08	1 066 558.39	3 197 717.47
教育事业	39	5 932 142.73	2 569 225.62	8 501 368.35
卫生、社会保障和社会福利业	40	4 823 679.84	3 042 017.24	7 865 697.08
文化、体育和娱乐业	41	2 244 426.55	1 237 269.97	3 481 696.52
公共管理和社会组织	42	7 400 577.68	3 965 863.95	1 1366 441.63
合计		503 300 822.47	237 781 403.59	741 082 226.08

表 5-2　2007 年浙江省 42 个部门碳减排责任　　　　（单位：吨）

部门	代码	生产者碳减排责任	消费者碳减排责任	总碳减排责任
农林牧渔业	01	14 249 949.67	4 477 198.36	18 727 148.03
煤炭开采和洗选业	02	18 254.44	8 111.74	26 366.18
石油和天然气开采业	03	0.00	0.00	0.00
金属矿采选业	04	809 525.36	223 715.96	1 033 241.32
非金属矿及其他矿采选业	05	1 860 579.60	1 476 172.68	3 336 752.28
食品制造及烟草加工业	06	10 814 020.59	4 972 807.24	15 786 827.83
纺织业	07	51 410 636.80	17 255 521.25	68 666 158.05
纺织服装鞋帽皮革羽绒及其制品业	08	19 126 095.50	10 112 693.50	29 238 789.00
木材加工及家具制造业	09	8 197 379.83	4 682 793.80	12 880 173.63
造纸印刷及文教体育用品制造业	10	17 195 204.53	7 232 859.65	24 428 064.18
石油加工、炼焦及核燃料加工业	11	3 334 203.63	3 154 308.15	6 488 511.78
化学工业	12	102 650 501.09	27 717 285.07	130 367 786.16
非金属矿物制品业	13	23 938 848.00	13 307 700.66	37 246 548.66

部门	代码	生产者碳减排责任	消费者碳减排责任	总碳减排责任
金属冶炼及压延加工业	14	35 739 312.09	10 423 976.11	46 163 288.20
金属制品业	15	16 483 699.11	10 706 805.31	27 190 504.42
通用、专用设备制造业	16	34 577 347.67	21 948 612.82	56 525 960.49
交通运输设备制造业	17	18 190 838.31	12 086 589.80	30 277 428.11
电气机械及器材制造业	18	18 145 469.77	12 286 026.26	30 431 496.03
通信设备、计算机及其他电子设备制造业	19	15 517 128.93	6 309 469.44	21 826 598.37
仪器仪表及文化办公用机械制造业	20	2 835 775.99	2 024 535.20	4 860 311.19
工艺品及其他制造业	21	6 239 261.70	4 599 832.24	10 839 093.94
废品废料	22	2 365 767.66	644 380.65	3 010 148.31
电力、热力的生产和供应业	23	120 071 403.26	44 471 690.75	164 543 094.01
燃气生产和供应业	24	629 509.69	419 324.27	1 048 833.96
水的生产和供应业	25	1 444 522.47	803 459.95	2 247 982.42
建筑业	26	36 389 357.64	28 370 702.25	64 760 059.89
交通运输及仓储业	27	23 923 073.59	12 389 188.27	36 312 261.86
邮政业	28	466 389.03	161 856.64	628 245.67
信息传输、计算机服务和软件业	29	6 912 072.35	3 203 006.58	10 115 078.93
批发和零售业	30	12 941 688.47	3 710 734.60	16 652 423.07
住宿和餐饮业	31	7 136 316.71	4 719 865.90	11 856 182.61
金融业	32	7 729 688.34	1 745 787.31	9 475 475.65
房地产业	33	3 934 743.34	511 758.79	4 446 502.13
租赁和商务服务业	34	7 711 996.48	4 923 629.86	12 635 626.34
研究与试验发展业	35	536 430.35	298 500.41	834 930.76
综合技术服务业	36	2 122 383.69	1 135 111.96	3 257 495.65
水利、环境和公共设施管理业	37	1 639 576.62	799 162.14	2 438 738.76
居民服务和其他服务业	38	2 424 734.75	994 190.24	3 418 924.99
教育	39	5 218 514.40	1 498 901.36	6 717 415.76
卫生、社会保障和社会福利业	40	4 800 286.09	2 795 060.93	7 595 347.02
文化、体育和娱乐业	41	1 647 750.58	693 375.53	2 341 126.11
公共管理和社会组织	42	10 062 357.66	4 831 106.56	14 893 464.22
合计		661 442 595.78	294 127 810.19	955 570 405.97

表 5-3   2012 年浙江省 42 个部门碳减排责任　　　　（单位：吨）

部门	代码	生产者碳减排责任	消费者碳减排责任	总碳减排责任
农林牧渔产品和服务	01	14 184 349.08	4 835 753.36	19 020 102.44
煤炭采选产品	02	635 306.84	157 783.90	793 090.74
石油和天然气开采产品	03	0.00	0.00	0.00
金属矿采选产品	04	623 722.12	240 774.47	864 496.59
非金属矿和其他矿采选产品	05	2 754 628.26	1 398 001.36	4 152 629.62
食品和烟草	06	20 239 546.97	10 488 679.73	30 728 226.70
纺织品	07	63 371 025.01	33 482 385.60	96 853 410.61
纺织服装鞋帽皮革羽绒及其制品	08	30 036 790.50	18 788 824.66	48 825 615.16
木材加工品和家具	09	13 504 439.07	7 022 063.30	20 526 502.37
造纸印刷和文教体育用品	10	46 006 898.03	20 777 412.01	66 784 310.04
石油、炼焦产品和核燃料加工品	11	13 755 918.17	10 724 007.62	24 479 925.79
化学产品	12	120 126 623.76	73 302 533.02	193 429 156.78
非金属矿物制品	13	32 130 355.56	20 148 941.93	52 279 297.49
金属冶炼和压延加工品	14	47 810 758.90	25 299 553.46	73 110 312.36
金属制品	15	30 959 223.10	20 651 599.22	51 610 822.32
通用设备	16	41 946 870.76	25 813 481.60	67 760 352.36
专用设备	17	19 800 367.42	12 600 043.61	32 400 411.03
交通运输设备	18	39 922 177.33	17 706 410.35	57 628 587.68
电气机械和器材	19	36 068 255.11	21 428 029.57	57 496 284.68
通信设备、计算机和其他电子设备	20	15 547 534.88	7 867 499.33	23 415 034.21
仪器仪表	21	4 853 619.73	2 894 573.08	7 748 192.81
其他制造产品	22	9 956 967.70	6 964 796.09	16 921 763.79
废品废料	23	5 006 845.10	1 094 606.66	6 101 451.76
金属制品、机械和设备修理服务	24	2 476 323.03	1 428 564.26	3 904 887.29
电力、热力的生产和供应	25	269 267 707.50	99 943 194.36	369 210 901.86
燃气生产和供应	26	2 657 418.00	1 752 201.60	4 409 619.60
水的生产和供应	27	3 026 535.64	1 563 549.15	4 590 084.79
建筑	28	73 287 982.91	55 057 564.28	128 345 547.19
批发和零售	29	26 531 025.37	9 576 995.78	36 108 021.15
交通运输、仓储和邮政	30	26 802 638.79	13 538 344.21	40 340 983.00

部门	代码	生产者碳减排责任	消费者碳减排责任	总碳减排责任
住宿和餐饮	31	16 069 879.64	9 126 896.02	25 196 775.66
信息传输、软件和信息技术服务	32	9 403 412.79	4 141 689.97	13 545 102.76
金融	33	23 009 481.68	6 285 109.79	29 294 591.47
房地产	34	7 270 012.35	827 289.09	8 097 301.44
租赁和商务服务	35	11 113 036.19	7 620 090.50	18 733 126.69
科学研究和技术服务	36	4 602 345.52	3 041 974.10	7 644 319.62
水利、环境和公共设施管理	37	2 968 523.35	1 525 322.33	4 493 845.68
居民服务、修理和其他服务	38	8 927 167.31	4 034 837.52	12 962 004.83
教育	39	8 889 905.78	3 127 450.88	12 017 356.66
卫生和社会工作	40	8 993 134.21	4 680 848.78	13 673 982.99
文化、体育和娱乐	41	3 174 080.95	1 582 616.71	4 756 697.66
公共管理、社会保障和社会组织	42	9 685 867.37	2 489 721.09	12 175 588.46
合计		1 127 398 701.78	575 032 014.35	1 702 430 716.13

表 5-4 2017 年浙江省 42 个部门碳减排责任　　　（单位：吨）

部门	代码	生产环节碳减排责任	消费环节碳减排责任	总碳减排责任
农林牧渔产品和服务	01	48 003 064.83	15 408 312.19	63 411 377.02
煤炭采选产品	02	715 990.17	138 745.54	854 735.71
石油和天然气开采产品	03	0.00	0.00	0.00
金属矿采选产品	04	690 198.07	160 147.40	850 345.47
非金属矿和其他矿采选产品	05	5 547 759.68	2 272 687.91	7 820 447.59
食品和烟草	06	45 258 987.16	21 695 326.15	66 954 313.31
纺织品	07	159 568 870.97	73 659 121.68	233 227 992.65
纺织服装鞋帽皮革羽绒及其制品	08	54 183 853.13	27 982 496.64	82 166 349.77
木材加工品和家具	09	29 289 404.54	14 511 183.14	43 800 587.68
造纸印刷和文教体育用品	10	67 106 746.68	32 962 286.02	100 069 032.70
石油、炼焦产品和核燃料加工品	11	38 696 744.47	25 604 808.25	64 301 552.72
化学产品	12	325 318 540.82	96 989 793.50	422 308 334.32
非金属矿物制品	13	47 797 175.13	25 471 981.06	73 269 156.19

续表

部门	代码	生产环节碳减排责任	消费环节碳减排责任	总碳减排责任
金属冶炼和压延加工品	14	79 238 098.26	25 766 568.79	105 004 667.05
金属制品	15	49 781 119.49	31 334 934.01	81 116 053.50
通用设备	16	93 385 661.81	50 908 130.82	144 293 792.63
专用设备	17	35 740 818.07	21 124 292.33	56 865 110.40
交通运输设备	18	89 636 609.97	28 575 550.27	118 212 160.24
电气机械和器材	19	88 838 067.75	53 144 354.59	141 982 422.34
通信设备、计算机和其他电子设备	20	48 211 448.73	21 344 890.76	69 556 339.49
仪器仪表	21	12 729 907.10	7 783 092.03	20 512 999.13
其他制造产品和废品废料	22	32 932 944.29	7 366 187.84	40 299 132.13
金属制品、机械和设备修理服务	23	2 307 185.10	779 069.32	3 086 254.42
电力、热力的生产和供应	24	514 907 217.93	236 291 542.44	751 198 760.37
燃气生产和供应	25	6 855 908.73	3 956 043.38	10 811 952.11
水的生产和供应	26	7 622 684.07	2 965 555.63	10 588 239.70
建筑	27	134 498 642.43	100 358 827.57	234 857 470.00
批发和零售	28	90 771 231.74	25 215 348.67	115 986 580.41
交通运输、仓储和邮政	29	124 624 844.75	37 551 733.92	162 176 578.67
住宿和餐饮	30	45 388 875.29	25 728 616.52	71 117 491.81
信息传输、软件和信息技术服务	31	41 325 599.34	13 992 357.40	55 317 956.74
金融	32	46 207 532.18	11 577 703.77	57 785 235.95
房地产	33	30 437 549.94	10 712 626.05	41 150 175.99
租赁和商务服务	34	124 104 235.18	59 589 643.59	183 693 878.77
研究和试验发展	35	3 700 170.63	2 431 306.34	6 131 476.97
综合技术服务	36	21 141 924.35	9 899 880.01	31 041 804.36
水利、环境和公共设施管理	37	14 193 892.31	7 693 601.13	21 887 493.44
居民服务、修理和其他服务	38	14 646 555.10	7 904 459.15	22 551 014.25
教育	39	14 212 130.55	6 863 530.14	21 075 660.69
卫生和社会工作	40	36 753 602.11	19 938 745.94	56 692 348.05
文化、体育和娱乐	41	11 263 779.59	4 605 531.11	15 869 310.70
公共管理、社会保障和社会组织	42	24 790 538.15	6 385 342.22	31 175 880.37
合计		2 662 426 110.59	1 178 646 355.22	3 841 072 465.84

表 5-5 描述了 2002～2017 年碳减排责任分担情况及占比变化。

表 5-5　2002～2017 年碳减排责任分担及其占比

年份	生产者碳减排责任/吨	生产者碳减排责任占比/%	消费者碳减排责任/吨	消费者碳减排责任占比/%	总碳减排责任/吨	总占比/%
2002	503 300 822.47	67.91	237 781 403.59	32.09	741 082 226.08	100.00
2007	661 442 595.78	69.22	294 127 810.19	30.78	955 570 405.97	100.00
2012	1 127 398 701.78	66.22	575 032 014.35	33.78	1 702 430 716.13	100.00
2017	2 662 426 110.59	69.31	1 178 646 355.22	30.69	3 841 072 465.84	100.00

本书分别从生产者碳减排责任和消费者碳减排责任的角度对各产业部门的碳减排责任进行比较。就生产者碳减排责任而言，2002～2007 年，废品废料，化学产品，纺织品，燃气生产和供应，通用设备，水的生产和供应，造纸印刷和文教体育用品，纺织服装鞋帽皮革羽绒及其制品，交通运输设备，非金属矿物制品等部门的生产者碳减排责任较大；2012～2017 年，电力、热力的生产和供应，化学产品，建筑，纺织品，金属冶炼和压延加工品，造纸印刷和文教体育用品，通用设备，交通运输设备，电气机械和器材，纺织服装鞋帽皮革羽绒及其制品，交通运输、仓储和邮政等部门的生产者减排责任较大。电力、热力的生产和供应部门，在 2012 年测算时一跃成为生产者减排责任最大的部门，因为该部门承担着全省的电能生产，属于能源供应部门，处于产业链上游，为下游产业输送电能、热能的同时也转移了大量的二氧化碳，但仍有较大部分滞留在部门内部，因此需要承担更多的生产环节碳减排责任。2017 年交通运输、仓储和邮政，租赁和商务服务，批发和零售等生产性服务业部门的生产者碳减排责任上升也较为明显，这可能与浙江省在产业结构调整过程中加快发展生产性服务业有关。

而就消费者碳减排责任而言，2002～2007 年，废品废料，化学产品，燃气生产和供应，纺织品，通用设备，交通运输设备，纺织服装鞋帽皮革羽绒及其制品，非金属矿物制品，水的生产和供应，专用设备，造纸印刷和文教体育用品等同样是较大的责任部门；2007～2017 年，电力、热力的生产和供应，化学产品，建筑，纺织品，通用设备，电气机械和器材，造纸印刷和文教体育用品，金属制品，纺织服装鞋帽皮革羽绒及其制品，交通运输设备，交通运输、仓储和邮政等部门的消费者碳减排责任较大。与生产者碳减排责任情况相似，在 2012 年测算时，电力、热力的生产和供应部门成为消费者减排责任较大的部门，这是因为该部门属于能源供应部门，与产业链下游各部门关系密切，各行各业都需要该部门的能源产品，输送出去的碳排放部分即为消费环节应承担的责任；另外应承担较大减排责任的是建筑业，建筑业所需要的建筑原材料依赖于大量的能源和资源，而建筑物本身在使用过程中也会产生碳排放，因此，建筑业从生产环节到消费环节都产生了大量的隐含碳排放，这些隐含碳又通过产业链层层转移给下游产业，因此该产业部门承担着较大的消费环节碳减排责任。同时，2017年，租赁和商务服务，交通运输、仓储和邮政等生产性服务业部门的消费者碳减排责任上升较为明显。

将各产业部门的生产者碳减排责任与消费者碳减排责任进行加总可以得出各产业部门的总碳减排责任。其中，2002~2007年，废品废料，化学产品，纺织品等部门的总碳减排责任较大；2012~2017年，电力、热力的生产和供应，化学产品，建筑等部门的总碳减排责任较大；2007~2017年，电力、热力的生产和供应，建筑部门的总碳减排责任扩大较为明显，这可能是由于浙江省在"十二五"和"十三五"规划期间经济快速发展，城市基础设施建设与城市向外扩张速度也加快，对电力、热力等能源以及建筑原材料等的需求和消费量都大幅增加，导致电力、热力的生产和供应加大，建筑部门的总碳排放量急剧增加，因此该部门需承担的碳减排责任也更大。

由此可见，以上部门是我国资源能量的消耗的大户，是节能减排的关键领域。这些产业部门与其他各产业部门都有着密切的联系，在其生产与消费的过程中产生了大量的内涵碳排放，这些内涵碳排放又随着产业部门之间的生产与消费活动层层转移至最终消费者。表5-5展示了2002~2017年浙江省生产者与消费者碳减排责任分担及其占比，由表5-5可知，研究期内，生产者碳减排责任始终占据着较大比重，接近70%，而消费者碳减排责任则占比约30%。因此，相对而言，生产环节应承担较大的碳减排责任，生产部门是实施碳减排措施的重点行业部门。

第6章 浙江省居民消费碳足迹测算

6.1 计 算 方 法

本书运用投入产出法构建 2002 年、2007 年、2012 年和 2017 年浙江省居民消费直接、间接碳足迹测算模型。第一步，在投入产出表中确定各能源部门对各类别居民消费的投入系数。求居民消费的直接消耗系数时，对应六个一次能源部门，即煤炭开采洗选业、石油天然气开采业、石油及核燃料加工业、炼焦业、电力热力生产供应业，以及燃气生产供应业。第二步，将各类别居民消费分别与各能源部门直接消耗系数相乘，可得分类别居民消费直接能耗价值量。第三步，计算各能源的一般价格，用其分别去除分类别居民消费的直接能耗价值量，可得相应年份能耗实物量。再利用各能源的平均低位发热量转化为以通用能量单位表示的能源消耗（热值）。第四步，根据各能源的平均含碳量、碳氧化率系数等估算居民消费直接碳足迹。第五步，求各居民消费部门的能耗直接碳排放系数和排放乘数，测算居民消费间接碳足迹。根据《中国统计年鉴》的分类法，将居民消费分为：①食品烟酒；②衣着；③生活用品及服务；④医疗保健；⑤交通和通信；⑥教育、文化和娱乐；⑦居住；⑧其他用品和服务。将各消费部门映射到八大类消费项目上计算间接碳足迹，并进一步研究其城乡结构特征。

直接碳足迹测算模型见式（6-1）~式(6-4)：

$$CF^{\alpha} = \sum_{k=1}^{l} NAC_k \times OF_k \times 44/12 \tag{6-1}$$

$$NAC = TAC - EAC \tag{6-2}$$

$$TAC = \sum_{k=1}^{l} AC'_k \times c_k = \sum_{k=1}^{l} AC_k \times F_k \times c_k = \sum_{k=1}^{l} \sum_{j=1}^{m} \frac{V_j \times A_{ij} \times r_{ik}}{P_k} \times F_k \times c_k \tag{6-3}$$

$$EAC = \sum_{k=1}^{l} AC'_k \times NEU \times c_k \times f_k = \sum_{k=1}^{l} \sum_{j=1}^{m} \frac{V_j \times A_{ij} \times r_{ik}}{P_k} \times NEU_k \times c_k \times f_k$$

$$(6\text{-}4)$$

式中，CF^{α}为居民消费的直接碳足迹（吨 CO_2）；NAC_k为居民消费的能源表观直接消费量的净含碳量；OF_k为能源 k 的碳氧化系数；TAC、EAC 分别为居民消费的能源表观直接消费量的总含碳量、扣除的碳量；AC'_k、AC_k分别为居民消费对能源 k 的表观直接消费量热值、实物量；c_k为能源 k 的平均含碳量（吨碳/太焦）；F_k为能源 k 的平均低位发热量；V_j为第 j 部门的居民消费额；A_{ij}为各部门的能源直接消耗系数；r_{ik}为第 k 种能源产值在第 i 种能源部门总产值中的比重；P_k为第 k 种能源的一般价格；NEU_k为能源 k 中的非能源利用的比例；f_k为能源 k 中非能源利用部分的固碳率；i、k 分别表示第 i 种能源部门、第 k 种能源；m、l 分别表示部门总数、能源种类总数。

间接碳足迹测算模型见式（6-5）~式(6-7)：

$$m_i^L = CF_i^{\alpha}/X_i, \quad i = 1 \sim n \tag{6-5}$$

$$m^{\alpha} = m^L \times (I - A)^{-1} = m^L \times (B + I), \quad m_i^{\alpha} = \sum_j m_j^L p_{ji} \tag{6-6}$$

$$CF_i^e = m^{\alpha} \times Y \tag{6-7}$$

式中，m_i^L为 i 部门的能耗直接碳排放系数；CF_i^{α}为 i 部门的直接碳足迹；X_i为 i 部门的总产出；m_i^{α}为 i 部门的能耗排放乘数；$m^{\alpha} = (m_1^{\alpha}, m_2^{\alpha}, \cdots, m_{139}^{\alpha})$为排放乘数组成的行向量；$m^L = (m_1^L, m_2^L, \cdots, m_{139}^L)$为直接碳排放系数组成的行向量；$(I-A)^{-1} = P = (p_{ij})_{n\times n}$为列昂惕夫逆矩阵；$p_{ji}$为 i 部门单位最终产品的生产对第 j 部门总产出的消耗；B 为能源完全消耗系数；CF_i^e为 i 部门的间接碳足迹；Y为投入产出表中居民消费支出列向量转换而成的对角矩阵；i、j 分别表示第 i 种、第 j 种部门；n 为部门总数。

6.2 数据来源

由于投入产出表逢2、逢7每五年编制，所能采用的投入产出表为浙江省2002 年、2007 年、2012 年和2017 年的投入产出表。各行业能源的表观消费量、居民消费结构等数据来源于浙江省投入产出表和相关统计年鉴等。其中，能耗价值量采用各能源部门的总产值，用规模以上工业企业的工业总产值代替。浙江省资料来源于《2013 年经济普查年鉴—浙江省》《浙江统计年鉴》（2003 年、2008 年、2013 年、2018 年），全国资料来源于《中国工业统计年鉴》（2003 年、2008 年、2013 年、2018 年），实物量采用各能源的生产量，数据来源于《中国能源统计年鉴》（2003 年、2008 年、2013 年、2018 年）和国家统计局官网。

6.3 结果分析

借鉴 Bin 和 Dowlatabadi 提出的消费者生活方式分析法，将我国国家统计体系中的八大类居民消费支出与投入产出表中的行业进行对应归类。经过计算，浙江省全省 2002 年居民消费碳足迹总量为 48 787 813 吨，其中直接碳足迹为 33 738 970 吨，间接碳足迹为 15 048 843 吨；2007 年居民消费碳足迹总量为 54 324 611 吨，其中直接碳足迹为 37 318 438 吨，间接碳足迹为 17 006 173 吨；2012 年居民消费碳足迹为 128 425 733 吨，其中直接碳足迹为 68 530 835 吨，间接碳足迹为 59 894 898 吨；2017 年居民消费碳足迹总量为 1 677 583 903 吨，其中直接碳足迹为 1 104 875 512 吨，间接碳足迹为 572 708 391 吨。

6.3.1 居民消费直接碳足迹总量分析

图 6-1～图 6-4 分别展示了四个不同时间节点的浙江省居民消费直接碳足迹八大类部门分布情况。仅从单张饼状图直观来看，浙江省居民消费直接碳足迹的部门差距较大，如 2007 年居住部门的直接碳足迹占比达到 49%，2017 年居住部门占比更是高达 61%，而医疗保健和教育、文化和娱乐两个部门的直接碳足迹处于较低水平。

对比四张图可以发现：①居住部门直接碳足迹近 15 年来一直"独占鳌头"，2002～2012 年虽占比第一，但还未超过 50%，2017 年该部门直接碳足迹占八大消费部门直接碳足迹的 61%。2002～2017 年，浙江省城镇、农村居民人均住房面积分别由 21.12 平方米和 49.53 平方米增至 41.5 平方米和 60.4 平方米。建筑业在 2012 年之后蓬勃发展，行业生产总值由 1978 亿元上涨至 2845 亿元，该部门与居民居住密切相关，同样与之相关的还有电力、热力的生产与供应部门。以上两个部门是居住部门 2017 年碳足迹比重上升的主要原因。②交通和通信部门

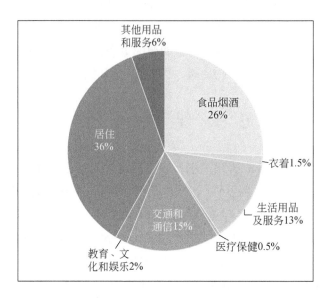

图 6-1　2002 年浙江省居民消费直接碳足迹部门分布

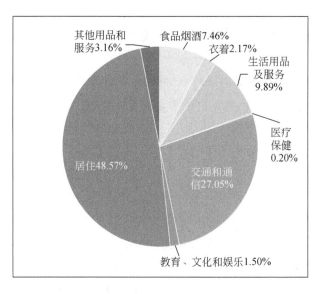

图 6-2　2007 年浙江省居民消费直接碳足迹部门分布

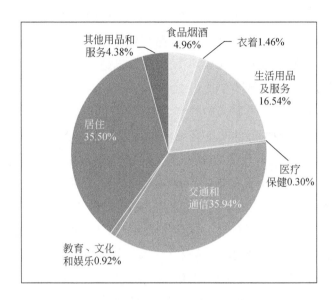

图 6-3　2012 年浙江省居民消费直接碳足迹部门分布

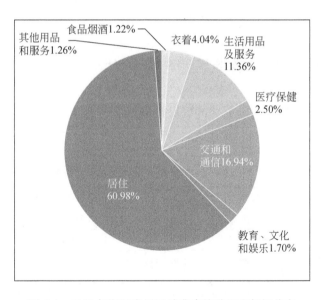

图 6-4　2017 年浙江省居民消费直接碳足迹部门分布

直接碳足迹比重虽有波动，但一直"名列前茅"，其直接碳足迹占比从 2002 年开始逐年上升，2012 年时达到顶峰，排在八大消费部门的第一位，占直接碳足迹总量的 36%，2017 年占比有明显下降，但仍然排名第二。该部门与人们生活密不可分，2002～2017年浙江省铁路里程由1212公里增加至1765公里，截至2017年，铁路里程数已上升至2587公里，铁路行业蓬勃发展，随之而来的就是因燃煤带来的大量二氧化碳排放，2012年以来高铁迅速发展，电力动车大量替代燃煤火车，碳排放也会相应减少，使得2017年该部门碳足迹比重下降。同时，浙江省新能源汽车产业起步较早，2012年浙江省发布《浙江省人民政府关于加快节能与新能源汽车产业发展的实施意见》推进节能与新能源汽车产业加快发展，2016年浙江省新能源汽车产量2.04万辆，同比增长1992.6%，新能源汽车的大量使用也为减少碳排放作出贡献。③食品烟酒部门"存在感"逐渐下降，2002年该部门以26%的占比排在消费部门直接碳足迹的第二位，2007年、2012年和2017年分别占比7%、5%和1%，成为"最不起眼"的消费部门。2010年，浙江省城镇居民家庭恩格尔系数为34.3%，农村居民家庭恩格尔系数为35.5%，到2017年，分别下降为27.9%和31.0%，表明浙江省居民食品支出总额占个人消费支出总额的比重明显下降，与居民消费直接碳足迹所显示的结果一致。④其他用品和服务、衣着、教育、文化和娱乐和医疗保健这几个部门表现较为稳定，部门的直接碳足迹占总量比重起伏不大。

6.3.2　居民消费间接碳足迹总量分析

2002～2017年四个时间截面的居民消费间接碳足迹总量与部门排名如表6-1所示。

表6-1　2002～2017年分类别浙江省居民消费间接碳足迹　（单位：吨）

消费类别	2002年	排名	2007年	排名	2012年	排名	2017年	排名
1. 食品烟酒	6 674 991	1	3 216 006	2	8 859 770	4	104 938 956	2
2. 衣着	495 711	7	877 157	6	4 362 056	6	35 055 616	7
3. 生活用品及服务	1 873 430	2	1 929 434	5	11 784 832	3	47 291 717	6
4. 医疗保健	328 934	8	218 432	8	1 076 095	8	21 537 929	8
5. 交通和通信	1 452 273	5	3 054 834	3	12 954 256	1	90 961 834	3
6. 教育、文化和娱乐	655 777	6	840 698	7	2 393 627	7	49 785 659	5
7. 居住	1 756 895	4	4 813 768	1	11 936 745	2	155 139 270	1
8. 其他用品和服务	1 810 834	3	2 055 844	4	6 527 517	5	67 997 410	4
总量	15 048 843		17 006 173		59 894 898		572 708 391	

横向来看，同年内各消费部门间接碳足迹相差甚远。例如，2002 年排名第一位的食品烟酒间接碳足迹约是排名第八的医疗保健的 20 倍，2017 年排名第一位的居住部门间接碳足迹为 155 139 270 吨，约为医疗保健的 7 倍。由此可见，各部门间的间接碳足迹差距仍然存在，但是有缩小的趋势，可以解释为 15 年间部门发展速度不一致，居民消费更为全面，部门之间的发展差距也在进一步缩小。

纵向来看，部分部门排名波动较大，交通和通信与居住排名均有所上升，前者从 2002 年的排名第五位稳步上升至 2012 年的第一位，2017 年回落至第三位，后者排名明显上升，2017 年成为间接碳足迹第 1 的部门。生活用品及服务的间接碳足迹排名在波动中有所下降，由 2002 年的第二位下降至 2017 年的第六位。也有部分消费部门排名较为稳定，医疗保健和衣着一直保持低水平稳定，对总体间接碳足迹贡献较小。

与直接碳足迹结果比较来看，食品烟酒部门 2017 年直接碳足迹在总量中占比不足 1%，却是第二位间接碳足迹部门，可能原因是食品烟酒部门处于产业链下游，原材料、生产过程复杂，与其他部门互动频繁，承接了大量来自上游产业和相关产业的碳足迹，而食品烟酒生产过程本身耗费的能源相较于其他部门来说没有那么突出，所以形成二者碳足迹之间的鲜明对比。相反地，2017 年生活用品及服务的间接碳足迹排第六位，而直接碳足迹排名第三位，这类部门大多属于制造业下游部门，生产过程中耗能、耗电较大，直接碳足迹大，但由于与其他产业联系相对较少，生产服务过程相对"单纯"，因此间接碳足迹量也相对较小。

6.3.3　人均消费碳足迹城乡结构分析

2002～2017 年居民消费人均碳足迹城乡结构见图 6-5。浙江省 2002 年农村居民消费碳足迹（包括直接和间接）为 25 851 904 吨，城镇居民消费碳足迹为 22 935 909 吨，分别占总消费碳足迹的 53% 和 47%。浙江省 2017 年农村居民消费碳足迹（包括直接和间接）为 391 060 659 吨，城镇居民消费碳足迹为 1 286 523 244 吨，分别占总消费碳足迹的 23.31% 和 76.69%。由此可知，近 15 年来，居民消费间接碳足迹占比有所上升，城镇居民消费碳足迹（包括直接和间接碳足迹）明显增加。近年来，城镇居民间接碳足迹是浙江居民消费碳足迹的着重减排对象。

图 6-5 2002～2017 年浙江省八大类别部门居民消费碳足迹及人均碳足迹

从人均碳足迹四个时间节点分别来看，2002 年，城镇居民的人均直接碳足迹为 6.90 吨，略微低于农村居民（7.62 吨）；城镇居民的人均间接碳足迹为 2.87 吨，同样低于农村居民（3.62 吨）。可能的原因是 2002 年农村居民消费支出 1359.4 万元，高于城镇居民消费支出的 1086.5 万元，以至于农村居民消费碳足迹总量大于城镇居民，在人口数量差不多的情况下，农村居民人均碳足迹略高于城镇居民。并且，2005 年之前农村居民炊用能源主要是木料直接燃烧，导致其原煤消费碳足迹相较于城镇居民很大。2005 年浙江省施行《浙江省沼气开发利用促进办法》，在农村推广沼气和太阳能以节约原煤使用，农村居民消费碳排放显著减少。自 2007 年开始浙江省城镇居民的人均直接、间接碳足迹均超过农村，且大幅度增长。2017 年，城镇居民的人均直接碳足迹为 22.01 吨，显著超过了农村居民（14.27 吨）；而城镇居民的人均间接碳足迹为 11.44 吨，同样明显超过了农村居民（7.33 吨）。

从整体连续性角度来看，农村居民的人均碳足迹呈现"中—低—高"的变化趋势，2007 年存在一个先下降再上升的过程，城镇居民的人均碳足迹则是"低—中—高"循序渐进的趋势。农村人均碳足迹下降可能的原因是 2005 年大力推行沼气利用，替代大量木材燃烧，农村居民直接碳足迹总量由 2002 年的 1753.6 万吨下降至 2007 年的 1102.7 万吨，并且浙江省城镇化率由 2002 年的

50.5%上升至 2007 年的 57.2%，农村人口比例减少。二者共同作用下，2007 年农村人均直接和间接碳足迹分别下降了 33.2 个百分点和 35.9 个百分点。2007 年之后浙江省城镇化加速发展，进入了新阶段。据《浙江统计年鉴》结果显示，浙江城镇化率（非农人口占总人口比重）2002 年为 50.5%，2007 年为 57.2%，2012 年为 63.2%，2017 年为 68%，15 年间提高了 17.5 个百分点，城镇化水平不断提升，大量农村人口涌入城镇，使得城镇人口大幅增加，从而其消费需求增加。城镇居民消费支出也大幅度增长，2017 消费支出约 1.27 亿元，比 2002 年增长近 11 倍，生活状况明显好转，由温饱迈向小康，家庭平均每百户家用汽车拥有量 2012 年为 36.5 辆，2017 年为 55.5 辆，而 2017 年农村居民只有 33.3 辆。可见城镇居民生活水平普遍高于农村居民，更多地选择消费高碳排放项目，导致其碳足迹高于农村居民。

第7章 浙江省居民低碳消费行为及碳补偿支付意愿研究

7.1 研 究 设 计

7.1.1 低碳消费行为理论框架与研究假设

1. 理论框架构建

由于目前我国对于低碳消费并没有明确的法律规定，缺少强制性约束，更多还是价值观、道德责任、社会风尚层面的软约束。因此，本章围绕价值观-信念-规范理论（VBN）、计划行为理论（TPB）、态度-行为-情境理论（ABC）以及其他非理性因素构建起低碳消费行为影响因素的理论框架。

1）价值观-信念-规范理论

价值观-信念-规范理论模型是由 Stern 等（1999）提出的（图7-1），该理论

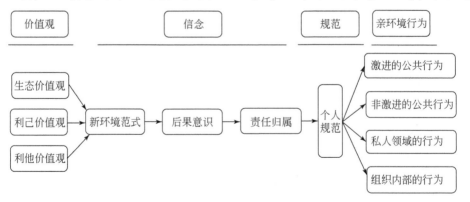

图 7-1　价值观-信念-规范理论模型

中包括了价值观理论、新环境范式（NEP）和规范激活理论（NAM）等，利用价值观、新环境范式、后果意识、责任归属、个人规范等要素来解释具体的亲环境行为。Stern 和 Dietz（1994）在研究亲环境行为时，认为其是由个体价值观激活的，个人态度和行为受到内在价值观的影响。价值观–信念–规范理论的一般作用过程是在稳定价值观（如生态价值观）的基础上，产生积极的环境信念，进一步衡量自身行为可能会对环境产生的严重破坏和个体自身应承担的责任，从而产生环境责任意识，最后实施对环境有利的行为（陈慧敏，2013）。

其中，Stern（2000）把环境价值观分为三类：利己价值观、利他价值观和生态价值观。利己价值观是指关注环境问题对自身利益影响的信念；利他价值观是指关注环境问题对他人利益影响的信念；生态价值观是指以自然环境固有的价值为中心的信念，认为人类不应该破坏自然。后果意识是指个体在未实施利他行为时对他人产生的不良后果的感知，感知越强烈，道德义务越强，就越容易去实施利他行为（张晓杰等，2016）；责任归属是指个体衡量自身对环境行为应承担的责任。个人规范是指一个人对特定行为的自我期望，这种期望源于与该行为相关的规范和价值观，体现的是一种社会责任意识。

由于目前低碳消费行为在中国更多的是利他主义行为，并且我国价格体系尚未完善，在"理性人"假设下，消费者仍会为自己的利益考虑，从而选择有利于自身的行为。气候变化问题是当下面临的巨大挑战，所以在完全的利他主义，而缺少个人激励的情况下，低碳消费行为也是无法长久持续的。因此，除内在价值观、规范等外，还需要外部环境的支持和激励。基于此，本书又引入利己主义模型——计划行为理论。

2）计划行为理论

Ajzen（1991）提出的计划行为理论是在理性行为理论（theory of reasoned action，TRA）的基础上发展而来的。理性行为理论认为个体的行为由行为意愿直接影响，而行为意愿又主要由个体对行为的态度以及主观规范决定。但是，实际上，行为并非完全由前两者所决定，还受金钱、时间、精力等控制。因此，Ajzen（1991）在 TRA 基础上，加入感知行为控制，就形成了计划行为理论。其中，态度指的是个体对行为产生有利或不利的评价，包括认知评价和情感评价。主观规范指的是个体受周围人或团体的影响，对实施某一行为时感受到的社会压力。感知行为控制指的是感知到的执行行为的难易程度，感知到行为难以实施，实施可能性就会降低。但是，感知行为控制也可以直接影响个体实际行为，而非通过行为意向（Wallace et al., 2005）。Bamberg 和 Schmidt（2003）研究发现，态度、主观规范和感知行为控制能够对学生选择乘坐公交车上学的意图产生显著影响。同时，在计划行为理论中，信念又决定着态度、主观规范和感知行为控制。其中信念包括行为信念、规范信念和控制信念。该模型如图7-2所示。

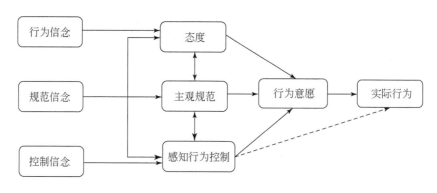

图 7-2　计划行为理论模型

如价值观–信念–规范理论中所述，价值观是影响态度的一个重要因素，个体在价值观的基础上，才会形成环境信念，进而产生有利或不利的认知评价和情感评价，即态度。因此，VBN 模型和 TPB 模型在本书中需要联系起来考虑。

但是，计划行为理论也存在一定的局限性。该理论的对象是个体理性行为，并不包括个体由情感驱动的行为和个体在集体中的行为（Bagozzi et al., 2006）；该理论是用来稳定情境下预测新行为的，不包括重复性和习惯性行为（Ouellette and Wood, 1998）。因此，本书还需要在上述基础上，继续完善低碳消费行为影响因素的理论模型。

3）态度–行为–情境理论

Guagnano 等（1995）提出的态度–行为–情境理论（attitudes- behavior-external conditions，ABC）是一个研究态度因素和外部条件结合起来影响行为的理论模型，其认为环境行为可以与内外部因素存在函数关系；在中等强度的情境因素下，态度对行为的影响最大，在情境因素十分有利或不利时，态度对行为的影响就会减弱。此时，情境因素是一个中介变量（黄苏萍等，2016）。但是，情境因素也是影响个体行为的外部因素（本书选择政策法规为情境因素）。马振涛和胡建国（2015）研究发现，低碳消费政策与低碳消费行为之间的相关性不强。

4）非理性因素

除理性因素之外，非理性因素在个体行为过程中也发挥着很大的作用。人际行为模型（triandis interpersonal behavior，TIB）将情感因素单独作为一个变量，来研究其对行为的影响作用。本书中的情感是指环境情感，指在实施低碳消费行为时所感受到的体验，如自豪感、羞耻感等。Chan 和 Lau（2000）研究中国的低碳购买行为发现，环境情感和购买行为之间存在正相关关系。王建明（2015）通过构建情感-行为的双因素理论模型进行研究发现，总体上，环境情感能够促进低碳消费行为的实施，同时正面环境情感比负面环境情感的影响更大。

此外，消费者关于气候变化的认知水平也会影响其低碳消费行为，个体会对事物产生认知，并对其现状以及可能引起的结果等进行评估，从而作出相应行为（Crites et al.，1994）。

通过以上梳理，本书提出基于利他主义、利己主义、情感因素、认知和情境因素的低碳消费行为综合模型（图 7-3）。

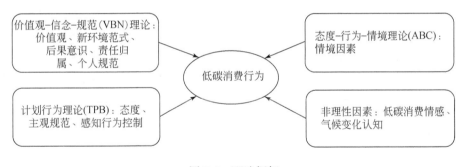

图 7-3　理论框架

2. 理论假设

1）行为意愿与行为

行为意愿与行为有高度相关性，但两者并不具有完全一致性。意愿与行为之间仍存在悖离（陈绍军等，2015；陈晓红等，2016；石洪景，2018）。也有学者们认为意愿可以是对预期行为的一种承诺，从而可以自动激活该行为（Gollwitzer and Bayer，1999；Ajzen et al.，2009）。因此根据计划行为理论，行为意愿是决定行为的直接因素。曲英（2011）、Davis 等（2011）、Rodríguez-Barreiro 等（2013）

通过研究发现，个体的意愿越强烈，其越会采取相应的环境行为。基于此，本书提出如下假设。

H1：低碳消费行为意愿对低碳消费行为有正向影响。

2）环境价值观、态度与行为意愿

在计划行为理论中，价值观是态度的前因变量，它们又联合起来影响行为意愿。态度是指个体对某种行为的整体评价，并且会影响其对某种行为的意愿（Song et al.，2012）。无论是在研究游客行为（Song et al.，2014）、垃圾分类（陈绍军等，2015），还是在研究一般化的低碳消费行为中（彭雷清等，2016），态度都会对环境行为意愿产生正向影响。因而可以推断，当一个人具有积极的环境态度时，其会产生对环境有益的行为意愿。

但是，价值观激活个体信念，而态度又是由信念决定的。由此可知，价值观是态度形成的重要影响因素。行为学也认为，价值观是态度形成的基础，并且在预测行为时，价值观比态度更为持久和稳定（Nahavandi et al.，2013）。因此，价值观对行为的影响具有间接性，态度可以作为价值观和行为之间的一个中介变量（王国猛等，2010；王秀村等，2012；赵黎明等，2015）。

Stern（2000）基于个人对行为或事物关心的利益角度不同，将环境价值观分为利己价值观、利他价值观和生态价值观三类。其中，利己价值观从个人自身短暂经济利益或使用便利性角度出发，忽视对他人或环境的影响；利他价值观从关心社会公平、正义和他人利益的角度出发；生态价值观从关心整个生物圈价值和环境保护的角度出发（王京京，2015）。在研究环境行为意愿时，环境价值观对行为意愿的影响作用也得到证明。Snelgar（2006）、Hansla等（2008a）、芈凌云等（2016）发现，利己价值观对环境行为意愿有负向影响。同时，也有学者研究指出，利他价值观对环境行为意愿有正向影响（Ling-Yee，1997）。而从整个生态环境来看，拥有生态价值观的人，其认为人类自身没有权利破坏环境，从而会产生积极的环境行为（Thompson and Barton，1994；Chan，2001；王丹丹，2013）。基于此，本书提出如下假设。

H2：消费者的低碳消费态度对低碳消费行为意愿有正向影响。

H3：消费者的环境价值观对低碳消费行为意愿有正向影响。

H3a：消费者的环境价值观通过低碳消费态度影响低碳消费行为意愿。

3）规范、态度与行为意愿

规范可以分为主观规范、个人规范和社会规范三类。其中，本书认为主观规范和社会规范类似，都是指个体周围重要的人的消费方式对自身产生的社会压力，从而影响个体自身的消费行为。我国较注重群体导向的行为方式，会使自身行为与他人一致（Song et al.，2012）。主观规范会对消费者行为意愿产生正向影响（Bamberg et al.，2003；Chu and Chiu，2003；Wan et al.，2015）。同时，有关主观规范与态度的关系，在说服理论和认知失调理论中都曾提到，当接受外界的信息或者当遇到两种不同的信念时，个体的态度就会发生变化，从而改变其行为（徐国伟，2010）。

个人规范是被内化的社会规范，是自我的道德义务（张晓杰等，2016），体现的是一种社会责任意识。目前有很多学者发现个人规范（即社会责任意识）会对低碳消费行为意愿产生正向影响（Raaij and Verhallen，1983；Gärling et al.，2003；贺爱忠等，2011a；李炎炎和叶萌绿，2014）。同时，Raats 等（1995）、Conner 和 Armitage（1998）认为个人规范可以预测态度变量。由此可以推断，消费者具有社会责任意识时，其对环境会产生积极的态度，因而会更愿意为低碳生活出力。基于此，本书提出如下假设。

H4：消费者的主观规范对低碳消费行为意愿有正向影响。

H4a：消费者的主观规范通过低碳消费态度影响低碳消费行为意愿。

H5：消费者的个人规范对低碳消费行为意愿有正向影响。

H5a：消费者的个人规范通过低碳消费态度影响低碳消费行为意愿。

4）感知行为控制、态度与行为意愿

根据 TPB 分析框架，感知行为控制对特定行为意图具有重要作用。个体外部条件（时间、精力、金钱限制等）越苛刻，那么其感知行为控制水平越低，低碳消费行为意愿就越低，那么低碳消费行为发生的可能性就越小。其个体对实施行动难易程度的认知，与 Bandura（1982）提出的"自我效能"概念类似。有学者通过实证结果证明，感知行为控制对个体行为意愿具有正向作用（Tonglet et al.，2004；Pakpour et al.，2012）。但是，感知行为控制在 TPB 模型中最不稳定（Ajzen，1991），在一些低成本或者低难度的行为决策中，一般不具有显著意义，而低碳消费行为相对而言属于较高成本行为。也有一些学者认为，感知行为控制是态度和意愿之间的中介变量（周玲强等，2014）。基于此，本书提出如下假设。

H6：消费者的感知行为控制对低碳消费行为意愿有正向影响。

H6a：消费者的感知行为控制通过低碳消费态度影响低碳消费行为意愿。

5）后果意识、责任归属与个人规范

后果意识、责任归属和个人规范都属于 VBN 模型中的变量，但其也是规范激活模型中的主要变量。后果意识是指个人还未实施行为时对不良后果的感知，而责任归属是指对不良后果的责任感。个人规范受后果意识和责任归属的影响，当个体意识到自身未实施行为的负面后果，以及当其将负面后果的责任归咎于自己时，个体就更有可能表现出亲环境行为（Ebreo et al.，2003；Zhang et al.，2013）。

根据规范激活模型，个人规范会直接影响个体产生亲环境行为意愿，结果意识可以直接激活个人规范，也可以通过责任归属间接影响个人规范（万欣等，2020）。Ebreo 等（2003）、de Groot 和 Steg（2009）、Zhang 等（2017）都指出后果意识、责任归属与个人规范成正相关关系。Schwartz 和 Howard（1980）指出，否认责任会缓和个人规范对行为意愿的积极影响。不仅如此，后果意识与责任归属之间也存在正向关系（Han，2014；王丽丽和张晓杰，2017）。基于此，本书提出如下假设。

H7：消费者的后果意识对个人规范有正向影响。

H7a：消费者的后果意识对低碳消费行为意愿有正向影响。

H7b：消费者的后果意识通过个人规范影响低碳消费行为意愿。

H8：消费者的责任归属对个人规范有正向影响。

H8a：消费者的责任归属对低碳消费行为意愿有正向影响。

H8b：消费者的责任归属通过个人规范影响低碳消费行为意愿。

H9：消费者的后果意识对责任归属有正向影响。

H9a：消费者的后果意识通过责任归属影响低碳消费行为意愿。

6）低碳消费情感、态度与行为意愿

个体首先对事物产生认知，并且对其进行评估，最后做出相应的行为（Breckler，1984）。个体对环境的情感是其对环境问题的心理反应（Benton Jr，1994），当主体对环境问题进行判断认知后，会产生相应的情感，从而影响自身的态度，进而影响行为意愿。因此，本书认为态度是个人情感与行为意愿的中介变量。Bamberg 和 Möser（2007）认为，内疚感对个人态度有显著的直接效应，对个体行为意愿有显著的间接效应。Fraj 和 Martinez（2007）、汪兴东和景奉杰

（2012）指出环境情感对态度有正向影响。Maloney 等（1975）指出人们的环境情感积极影响其亲环境行为。Chan 和 Lau（2000）发现，生态情感对低碳消费行为意愿具有显著正向关系。基于此，本书提出如下假设。

H10：消费者的低碳消费情感对低碳消费行为意愿有正向影响。

H10a：消费者的低碳消费情感通过低碳消费态度影响低碳消费行为意愿。

7）气候变化认知、态度与行为意愿

目前学者们普遍认为公众关于气候变化的认知会显著影响其行为意愿（常跟应等，2012；崔维军等，2015；邵慧婷等，2019）。个体若清楚认识到气候变化现状、变化原因及其严重危害，其就更愿意实施低碳消费行为。但是，也有学者认为个体关于气候变化的认知与行为意愿的相关性并不显著（Bang et al.，2000），只有当个人对环境的认知内化于其态度时，才可以激活个体行为（孙岩和武春友，2007）。Hansla 等（2008b）研究发现，个人关注环境问题并认识到其危害时，会通过影响其态度进而影响行为意愿。基于此，本书提出如下假设。

H11：消费者的气候变化认知对低碳消费行为意愿有正向影响。

H11a：消费者的气候变化认知通过低碳消费态度影响低碳消费行为意愿。

8）情境因素、态度与行为意愿

情境因素是指对个体行为产生影响的客观环境或者外部因素（曲英和朱庆华，2010）（本书选取政策法规为情境因素），其主要是通过低于或大致符合消费者心理预期的成本开展低碳消费行为（陈凯和李华晶，2012）。Hines 等（1987）、贺爱忠等（2011b）提出情境因素直接影响环境行为。在 ABC 理论中，行为受到内在态度因素和外在情境因素的交互作用，当情境因素产生强烈的正向或者负向影响时（如被要求或被绝对的奖励），态度对行为的解释力较弱；而当情境因素产生的影响较弱时，态度对行为的解释力较强（Stern，2000；Bamberg and Schmidt，2003）。因此本书认为态度在情境因素与行为意愿之间存在中介作用。基于此，本书提出如下假设。

H12：政策法规对低碳消费行为意愿有正向影响。

H12a：政策法规通过低碳消费态度影响低碳消费行为意愿。

综上，书中研究假设如图 7-4 所示。

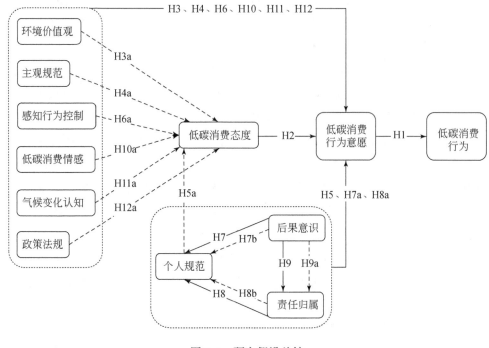

图 7-4　研究假设总结

7.1.2　碳补偿支付意愿研究方法与理论模型

1. 条件价值评估法

CVM 基于随机效用最大化理论，主要通过构建假想市场条件，直接询问人们对特定公共物品的支付意愿（WTP）或补偿意愿（WTA）。其经济原理是，不同消费者对不同商品具有不同偏好的假设下，影响消费者效用的因素有个人收入、商品价格、非市场商品、个人偏好以及随机误差（Hanemann and Kanninen，1996；陈琳等，2006）。当环境质量提高时，消费者为获得提高后的环境服务，必须支付一定费用来维持效用水平不变。随着 CVM 诱导技术不断完善，目前主要有重复投标博弈、开放式、支付卡式和二分式等形式。因此，本书选择 CVM 中的单边界二分式引导技术来评估消费者的支付意愿。

2. 随机效用模型构建

条件价值评估法以随机效用最大化理论为基础, 因此本书根据 Hanemann (1984) 所提出的方法, 将随机效用最大化理论引入 CVM 测算中。Hanemann (1984) 在构建效用函数时, 将不可观察的随机项纳入模型, 最终构成随机效用模型。因此, 使用随机效用最大化理论不能直接估计支付意愿, 要先估计效用函数, 根据效用函数的参数估计值, 最终计算得到支付意愿的货币数量。

假设环境质量已经变差, 从 Q_0 恶化到 Q_1, 可以通过测量等价剩余来评估为防止环境继续恶化而采取某项政策服务的价值, 随机效用函数可以表示为

$$U = V(Q, Y; s) + \varepsilon \tag{7-1}$$

式中, 效用函数 $V(Q, Y; s)$ 为可观察部分; Y 为收入; s 为其他社会经济变量; ε 为不可观察的随机项。

$$P(愿意) = P[U(Q_0, Y-BID; s) > U(Q_1, Y; s)]$$
$$= P[\Delta V > \varepsilon_1 - \varepsilon_0] \tag{7-2}$$
$$= 1 - G(BID)$$

式中, ΔV 为随机效用函数中可观察部分 $V(Q, Y; s)$ 的差值; $G(BID)$ 为累积分布函数, 服从标准 Logistic 分布。

在单边界二分式条件价值评估法中, 受访者被提供投标值 BID, 并询问其是否愿意支付该投标值, 回答结果只有 "愿意" 与 "不愿意" 两种情况。因此, 假设受访者对于支付意愿的回答情况受到投标值与其他变量的影响, 且具有线性关系, 此时可表示为

$$y = \alpha + \beta_i X_i + \beta_1 BID + \varepsilon \tag{7-3}$$

式中, y 为受访者的回答情况, 只有 0 (不愿意) 和 1 (愿意) 两种情况; X_i 为影响受访者支付意愿的其他变量; BID 为投标值; α、β_i、β_1 为待估参数; ε 表示随机项。

由于受访者对支付意愿的回答情况各不相同, 本书可以得到受访者 i 愿意支付与不愿意支付的概率公式为

$$P_i(愿意) = \frac{1}{1 + \exp(\alpha + \beta_i X_i + \beta_1 BID)} \tag{7-4}$$

$$P_i(不愿意) = 1 - \frac{1}{1 + \exp(\alpha + \beta_i X_i + \beta_1 BID)} \tag{7-5}$$

最大似然估计时的对数似然函数为

$$\ln L = \sum_{i=1}^{n} \left[d_i^Y \ln P(\text{愿意}) \right] \left[d_i^N \ln P(\text{不愿意}) \right] \tag{7-6}$$

式中，d_i^Y 与 d_i^N 为取值为 1 或 0 的虚拟变量，若受访者 i 回答愿意，$d_i^Y = 1$；若受访者回答不愿意，则 $d_i^N = 0$。

根据 Hanemann（1984）推导得到的算式，可以得到本书单边界二分式测算的支付意愿的平均值 E（WTP）：

$$E(\text{WTP}) = \int_0^{\text{BID}_{\max}} \frac{d\text{BID}}{1 + \exp(-\alpha - \beta \overline{X} - \beta_1 \text{BID})}$$

$$= \frac{1}{\beta_1} \ln \frac{1 + \exp\left(\alpha + \sum_{i=1}^{n} \beta_i \overline{X_i} + \beta_1 \text{BID}_{\max}\right)}{1 + \exp\left(\alpha + \sum_{i=1}^{n} \beta_i \overline{X_i}\right)} \tag{7-7}$$

式中，$\overline{X}$ 为各个影响支付意愿其他变量的平均值；α、β_i、β_1 表示系数，即待估参数。

3. 变量选择

许多学者基于碳补偿的利益相关者视角开展研究，大多都集中在人口统计因素对游客或居民等的碳补偿支付意愿影响上。国内外学者们研究发现，性别、年龄、职业是碳补偿支付意愿的影响因素（Choi and Ritchie，2014；Li et al.，2018；齐绍洲等，2019；张枫怡等，2019）。此外，收入和受教育水平也是影响碳补偿支付意愿的重要因素（曾贤刚，2011；帅传敏和张钰坤，2013；吴力波等，2018）。因此，本书选取性别、年龄、职业、受教育水平与收入作为影响消费者碳补偿支付意愿的人口统计学变量。

但是除上述人口统计学因素外，在环境行为理论中，价值观–规范–信念理论和计划行为理论是解释亲环境行为的重要理论。由于碳补偿行为更多属于利他行为，因此本书围绕价值观–规范–信念理论构建碳补偿支付意愿理论框架。该理论利用环境价值观、后果意识、责任归属、个人规范等要素来解释环境行为，有研究也发现上述变量对环境行为会产生显著影响（Han，2015；吕荣胜等，2016；马歆等，2021）。但是在“理性经济人”假设下，缺乏个人激励的碳补偿行为无法长久持续，因此本书引入计划行为理论加以完善。计划行为理论中的态度、主观规范和感知行为控制也被认为是预测亲环境行为的重要变量（陈绍军等，2015；徐林等，2017；Tan et al.，2017）。综上，本书基于价值观–规范–信念理论和计划行为理论，将上述 7 个心理变量作为碳补偿支付意愿的影响因素。

7.1.3 问卷设计

本书的问卷量表主要是从低碳消费行为及意愿、环境价值观、后果意识、责任归属、个人规范、态度、主观规范、感知行为控制、政策法规、低碳消费情感、气候变化认知、人口统计学因素等 13 个方面展开。其中，关于低碳消费行为的测量主要是基于《全民节能减排手册》（2007 年发布）、芈凌云等（2016）的研究，具体从衣、食、住、行、用 5 个方面设计；关于低碳消费行为意愿的测量主要根据低碳消费行为量表自行开发设计；环境价值观的测量结合了 Dunlap 等（2000）、Gärling 等（2003）的研究，主要从生态价值观、利他价值观和利己价值观 3 个方面出发；后果意识量表借鉴万欣等（2020）、Stern 等（1999）的研究；关于责任归属的量表是基于 Zhang 等（2013）的研究；个人规范量表主要借鉴王建明（2007）、Tanner 和 Kast（2003）的研究来了解消费者对气候变化的责任感；关于态度的测量结合了任力和张越（2012）、Schwepker Jr 和 Cornwell（1991）的研究；主观规范的量表借鉴 Taylor 和 Todd（1995）、Shi 等（2017）的研究；感知行为控制的测量借鉴了 Shi 等（2017）的研究，调查消费者实施低碳消费行为的难易程度；关于政策法规的测量主要来自石洪景（2015）的研究，调查消费者在政策约束下实施低碳消费的情况；低碳消费情感的量表借鉴王建明（2015）的研究，从环境忧虑感、环境热爱感、行为厌恶感、行为愧疚感、行为赞赏感、行为自豪感 6 个方面调查消费者对于环境的情感；关于气候变化认知的测量主要基于王钟秀和董文杰（2016）的研究，调查消费者对气候变化现状、形成原因、危害及应对措施的认知程度。问卷中各题项测评都采用 5 级李克特量表，具体如表 7-1 所示。

碳补偿支付意愿研究中人口统计学因素说明与赋值如表 7-2 所示。其中，关于碳补偿支付意愿核心问题设计如下：

Q1、为了补偿人类活动给生态气候环境造成的影响，请问您是否愿意为此支付一定费用？（如果愿意，请跳至 Q3 题；如果不愿意，请跳至第 Q2 题）。

①愿意；②不愿意。

Q2、如果不愿意，最主要原因是（单选题）：

①本人经济水平较低，无能力支付；

②本人认为已经纳税，不应该再由个人支付费用；

③本人认为应对气候变化应由政府出资，而不是个人；

④本人认为应对气候变化应由企业承担责任，而不是个人；

⑤本人担心支付的费用不能得到有效应用；

⑥本人认为气候变化与个人无关，无须为此承担责任。

Q3、如果您愿意，假设为了保护生态环境，降低因为各种活动导致的高二氧化碳量，您每月需额外支付____元，您是否能接受？

①接受；②不接受。

表7-1　变量及其测量指标

变量		测量指标	参考文献	变量选项赋值
低碳消费行为（BA）	衣	A. 我很少会买不必要的衣服 B. 我习惯小件衣物手洗，大件衣物才使用洗衣机 C. 购买洗衣机时，我选择了节能型洗衣机	《全民节能减排手册》（2007年发布），毕凌云等（2016）	1=从未做到 2=偶尔做到 3=半数做到 4=多数做到 5=总是做到
	食	A. 我尽量少吃肉 B. 我尽量不浪费粮食 C. 我尽量少喝酒		
	住	A. 住宅装修时，我购买的是节能环保型材料 B. 我在夏季空调设定不低于26℃，在冬季不高于20℃ C. 在家时，我会采用节能灯照明，并随手关灯		
	行	A. 我经常使用公共交通工具，如乘公交、地铁等 B. 我经常步行或骑自行车出行		
	用	A. 我尽量少用一次性物品 B. 我尽量减少使用过度包装的物品 C. 我会主动调低电脑、电视的屏幕亮度		

续表

变量		测量指标	参考文献	变量选项赋值
低碳消费行为意愿（BI）	衣	A. 我愿意少买不必要的衣服 B. 我愿意小件衣物手洗，大件衣物才使用洗衣机 C. 购买洗衣机，我愿意选择节能型洗衣机	根据"低碳消费行为"量表自行开发	1 = 非常不同意 2 = 不同意 3 = 不确定 4 = 同意 5 = 非常同意
	食	A. 我愿意少吃肉 B. 我愿意不浪费粮食 C. 我愿意少喝酒		
	住	A. 住宅装修时，我愿意购买节能环保型材料 B. 我愿意在夏季空调设定不低于26℃，在冬季不高于20℃ C. 在家时，我愿意采用节能灯照明，并随手关灯		
	行	A. 我愿意尽量使用公共交通工具出行，如乘公交、地铁等 B. 我愿意尽量步行或骑自行车出行 C. 如果买车，我愿意选择小排量汽车或新能源汽车		
	用	A. 我愿意少用一次性物品 B. 我愿意少用过度包装的物品 C. 我愿意主动调低电脑、电视的屏幕亮度		
环境价值观（EV）	生态价值观（BV）	A. 生态环境是脆弱的并且容易受到破坏 B. 当人类破坏自然环境时，它会产生灾难性的后果	Dunlap 等（2000）、Gärling 等（2003）	
	利他价值观（AV）	A. 环境污染对公共健康的影响非常糟糕 B. 一个地区产生的污染会威胁到其他地区的人		
	利己价值观（SV）	A. 环境保护类法律限制了我的个人选择和自由 B 保护环境将威胁到我的工作		
后果意识（AC）		A. 我认为实施低碳消费可以保护环境 B. 我认为目前全球变暖对我、家人和社会来说是个严峻的问题 C. 我认为热带森林的消失对我、家人、动植物和社会来说是个严峻的问题	万欣 等（2020）、Stern 等（1999）	

续表

变量	测量指标	参考文献	变量选项赋值
责任归属（AR）	A. 我认为自己应该为高碳消费所造成的全球变暖负责 B. 我认为自己应该为高碳消费所造成的生态破坏负责	Zhang 等（2013）	
个人规范（PN）	A. 我有责任进行低碳消费 B. 我愿意为普及低碳消费作出贡献 C. 我认为每个人都有责任通过避免食物过度包装而保护环境	王建明（2007）、Tanner 和 Kast（2003）	
态度（AT）	A. 我认为每个人都有责任采取行动来保护我们的生态环境 B. 我会关心城市的环境污染问题 C. 我购买产品时，会考虑使用它们对环境和其他消费者的影响	任力和张越（2012）、Schwepker Jr 和 Cornwell（1991）	
主观规范（SN）	A. 家人或朋友的消费方式会影响我的消费选择 B. 从电视媒体等了解到的绿色消费，使我更愿意购买低碳产品 C. 在全球变暖的压力下，我会参与到低碳消费行为中	Taylor 和 Todd（1995）、Shi 等（2017）	
感知行为控制（PBC）	A. 我有相关的资源、时间和机会实施低碳消费行为 B. 我很容易参与到低碳消费行为中来	Shi 等（2017）	
政策法规（PO）	A. 如果政府开征碳税收，我会更加注重低碳消费 B. 如果强制规定不能使用碳排放量高的产品，我愿意遵守 C. 为了避免不必要的惩罚，我愿意采取低碳消费行为	石洪景（2015）	
低碳消费情感（AF）	A. 我会因为担心环境污染（环境忧虑感），而去实施低碳消费行为 B. 我会因为热爱环境（环境热爱感），而去实施低碳消费行为 C. 我会因为厌恶环境恶化及他人破坏环境的陋习（行为厌恶感），而去实施低碳消费行为	王建明（2015）	

续表

变量	测量指标	参考文献	变量选项赋值
低碳消费情感（AF）	D. 我会因为自己或他人的高碳消费行为感到可耻（行为愧疚感），而去实施低碳消费行为 E. 我会因为赞许他人的低碳消费行为（行为赞赏感），而激励自己去实施低碳消费行为 F. 我因为觉得实施低碳消费行为或得到他人的赞许感到光荣（行为自豪感），而坚持实施低碳消费行为	王建明（2015）	1=非常不同意 2=不同意 3=不确定
气候变化认知（RE）	A. 我认为全球气候变暖了 B. 我认为气候变暖是人类活动造成的 C. 全球气候变化对环境造成了严重危害 D. 人类应该行动起来减缓气候变化	王钟秀和董文杰（2016）	4=同意 5=非常同意

表7-2 人口统计学变量定义与赋值

变量	定义与赋值
GENDER	性别：男=0；女=1
AGE	年龄：18岁以下=1；19~24岁=2；25~44岁=3；45~59岁=4；60岁及以上=5
VOC1	职业：公务员/企事业管理者=1，其余=0
VOC2	职业：企事业职员=1，其余=0
VOC3	职业：教师/学生/研究人员=1，其余=0
VOC4	职业：医护人员=1，其余=0
VOC5	职业：商业/服务业/运输业者=1，其余=0
VOC6	职业：军人/警察=1，其余=0
VOC7	职业：工人/农民=1，其余=0
VOC8	职业：离退休=1，其余=0
VOC9	职业：全职妈妈=1，其余=0
VOC10	职业：失业者=1，其余=0
VOC11	职业：其他=1，其余=0
EDU	受教育水平：小学及以下=1；初中=2；高中和中专=3；大专=4；本科=5；硕士及以上=6
INC	家庭年收入：1万元以下=1；1万~3万元（含）=2；3万~8万元（含）=3；8万~15万元（含）=4；15万~30万元（含）=5；30万~100万元（含）=6；100万元以上=7

7.1.4　预调查程序

为事先了解浙江省居民的低碳消费行为及其影响因素的基本情况，同时为设计更具有可行性的问卷，本书在正式调查前，首先设计了一份"浙江省居民节能低碳调查问卷"进行预调查。

本书于 2021 年 7 月 28～30 日在浙江省杭州市钱塘区发放 100 份问卷，进行预调研。根据问卷填写情况以及与受访者的简单交流，发现初始问卷存在的问题，并进行相应调整：对存在逻辑问题的题目进行梳理；对存在歧义的问题进行解释或者表述替换；对存在选项遗漏的问题进行补偿；对过于烦琐的题目选项表述进行删减。修订后的正式问卷详见附录。

在碳补偿支付意愿研究中，为得到合理的投标值，本书根据预调研结果调整初始问卷中存在的问题。调查后发现，受访者的预估投标值最小为 10 元，最大为 100 元。因此，本书问卷共设计有 6 个投标值，分别为 10 元、20 元、30 元、50 元、80 元和 100 元。

7.1.5　调查方法与结果

1. 样本容量

样本容量是决定抽样误差大小的直接因素，该因素的确定在抽样过程中具有重要的实际意义。如果抽样单位数量过少，会导致误差偏大，无法保证精确度；如果抽样单位数量过多，虽然可以保证精确度，但会造成资源的浪费，影响时效性。在简单随机抽样时，总样本量的确定公式为

$$N = \frac{t^2 \times \sigma^2}{e^2} \tag{7-8}$$

式中，t 为置信度对应的临界值；σ 为总体的标准差；e 为抽样误差。但是由于总体的标准差是未知的，所以学者们一般采用变通后的公式计算样本量，即

$$N = \frac{t^2}{4e^2} \tag{7-9}$$

因此，本书在置信度为 99%（$t = 2.58$），最大允许误差为 3.0%（即 $e =$

0.03）的情况下，根据式（7-9）对初始样本量进行计算

$$N = \frac{2.58^2}{4 \times 0.03^2} = 1849 \tag{7-10}$$

2. 抽样方法

本书的调查对象是浙江省城镇居民家庭，根据浙江省第七次人口普查结果可计算出浙江省共有城镇居民家庭户约 1982.91 万户，在此情景下难以掌握抽样框。因此，本书采用多阶段抽样方法解决这一问题。同时，本书选择以家庭户为最小抽样单位。综上，本书通过"省辖市—街道—家庭户"的三阶段抽样方法，实现问卷调查。在此过程中，第一阶段，本书采用简单随机抽样法抽取 3 个省辖市；第二阶段，各个街道的家庭户规模不一，导致每户家庭被抽中的概率不等，违背概率抽样的原则。由此本书采用概率比例规模抽样（probability proportionate to size sampling，PPS）的方式抽取 20 个街道；第三阶段，抽取家庭户，若仍采用概率抽样，则需要得到每个家庭户对应的编号，但是这在实际操作过程中很难实现，同时，由于入户调查存在一定困难，入户不具有可操作性。因此，本书选择在各个街道的小区内进行便利抽样来发放问卷。

PPS 抽样方法中，规模越大的群越容易被选中，但是个体被抽中的概率是相等的。首先，列出各个街道以及其对应的家庭户数，并计算累计家庭户数和总家庭户数；其次，确定抽取街道的数量，确保每个家庭被抽中的概率相等；再次，在 0 和第一个累计数之间，随机抽取一个数作为起始数字（RS），并计算间隔（SI），依次计算抽中街道随机数（SS）（其中，d 表示需要抽取的街道数量），见式（7-11）、式（7-12）；最后，各个随机数对应的即为最终被选中的街道。其中，每个被抽中街道的抽中概率（Pro1）、每个家庭户被抽中的概率（Pro2）以及被抽中家庭户的总权重（BW）计算如式（7-13）~式（7-15）所示：

$$SI = 总家庭户数/抽取街道的总数 \tag{7-11}$$

$$SS = RS + (d-1) \times SI \tag{7-12}$$

$$Pro1 = (被抽中街道的家庭户数/总家庭户数) \times 抽取街道的总数 \tag{7-13}$$

$$Pro2 = 每个街道内确定的家庭户数/被抽中街道的家庭户数 \tag{7-14}$$

$$BW = 1/(Pro1 \times Pro2) \tag{7-15}$$

第一阶段，本书根据简单随机抽样法，从浙江省 11 个省辖市中抽取了杭州市、台州市和丽水市 3 个地级市进行问卷调查。一方面，从地理位置来看，杭州

位于浙江省北部，是典型的江南水乡；台州市位于浙江省中部，靠山面海，是省内沿海城市；丽水市位于浙江省西南部，山区面积大，是浙江省的内陆城市。由此，本书总体考虑了浙江省北、中、南部不同的地理位置可能会对居民消费方式产生的影响。另一方面，从经济发展水平来看，杭州市属于浙江的省会城市，有优越的地理位置、便利的交通和悠久的历史文化，经济实力强大；台州市作为沿海城市，而丽水市作为"浙江绿谷"，近年来发展迅速，但相对杭州市而言仍较为缓慢。因此，第一阶段抽取的3个地级市考虑到了浙江省经济发展水平不同可能会对居民消费方式产生的影响。

第二阶段，本书根据PPS抽样方法，在杭州市、台州市和丽水市的160个街道中，共抽取20个街道。由于本书预计发放问卷2040份，所以每个街道抽取102户家庭。具体抽样过程如表7-3所示。总家庭户数为3 062 058户，因此间隔约为153 103。起始随机数为10 850，所以随机数分别为10 850、163 953、317 056、470 159、623 262等，依次落在各个街道编号内。此时，各个被抽中街道的总权重是相等的，都等于0.15。因此也可以证明，虽然各个街道大小不一，但是运用PPS抽样方法，可以使抽中街道的概率相同。所以，根据最终抽样结果，本书选取清波街道、闸弄口街道、文晖街道、白杨街道等20个街道作为样本范围。

第三阶段，因为街道家庭户的对应的编号难以获取，所以本书在第二阶段所抽中街道的小区内进行便利抽样。

表7-3 PPS抽样过程

序号	街道	家庭户数/户	累计编号	SS	Pro1/%	每个街道抽取数	Pro2/%	BW
1	清波街道	10 855	10 855	10 850	7.1	102	0.9	0.15
2	湖滨街道	10 289	21 144	—	—	—	—	—
3	小营街道	26 109	47 253	—	—	—	—	—
4	南星街道	13 251	60 504	—	—	—	—	—
5	紫阳街道	27 809	88 313	—	—	—	—	—
6	望江街道	23 392	111 705	—	—	—	—	—
7	凯旋街道	16 767	128 472	—	—	—	—	—
8	采荷街道	24 675	153 147	—	—	—	—	—
9	闸弄口街道	22 097	175 244	163 953	14.4	102	0.5	0.15

序号	街道	家庭户数/户	累计编号	SS	Pro1/%	每个街道抽取数	Pro2/%	BW
10	笕桥街道	17 091	192 335	—	—	—	—	—
11	四季青街道	13 763	206 098	—	—	—	—	—
12	彭埠街道	18 119	224 217	—	—	—	—	—
13	丁兰街道	25 569	249 786	—	—	—	—	—
14	九堡街道	19 139	268 925	—	—	—	—	—
15	天水街道	11 831	280 756	—	—	—	—	—
16	武林街道	14 124	294 880	—	—	—	—	—
17	长庆街道	15 293	310 173	—	—	—	—	—
18	文晖街道	12 317	322 490	317 056	8.0	102	0.8	0.15
19	潮鸣街道	18 687	341 177	—	—	—	—	—
20	朝晖街道	23 637	364 814	—	—	—	—	—
21	东新街道	23 766	388 580	—	—	—	—	—
22	石桥街道	11 800	400 380	—	—	—	—	—
23	下沙街道	42 773	443 153	—	—	—	—	—
24	白杨街道	89 455	532 608	470 159	58.4	102	0.1	0.15
25	河庄街道	20 446	553 054	—	—	—	—	—
26	义蓬街道	24 681	577 735	—	—	—	—	—
27	新湾街道	11 511	589 246	—	—	—	—	—
28	临江街道	4 792	594 038	—	—	—	—	—
29	前进街道	4 534	598 572	—	—	—	—	—
30	经济技术开发区	43 623	642 195	623 262	28.5	102	0.2	0.15
31	宁围街道	20 510	662 705	—	—	—	—	—
32	新街街道	19 501	682 206	—	—	—	—	—
33	空港经济区	20 701	702 907	—	—	—	—	—
34	靖江街道	10 349	713 256	—	—	—	—	—
35	南阳街道	10 352	723 608	—	—	—	—	—
36	红山农场	469	724 077	—	—	—	—	—
37	钱江世纪城	24 979	749 056	—	—	—	—	—
38	湘湖国家旅游度假区	10 373	759 429	—	—	—	—	—
39	城厢街道	38 390	797 819	776 365	25.1	102	0.3	0.15
40	北山街道	24 144	821 963	—	—	—	—	—

序号	街道	家庭户数/户	累计编号	SS	Pro1/%	每个街道抽取数	Pro2/%	BW
41	蜀山街道	10 902	832 865	—	—	—	—	—
42	新塘街道	19 004	851 869	—	—	—	—	—
43	西兴街道	21 162	873 031	—	—	—	—	—
44	长河街道	24 578	897 609	—	—	—	—	—
45	浦沿街道	27 429	925 038	—	—	—	—	—
46	北山街道	17 385	942 423	929 468	11.4	102	0.6	0.15
47	留下街道	12 287	954 710	—	—	—	—	—
48	转塘街道	24 474	979 184	—	—	—	—	—
49	蒋村街道	8 721	987 905	—	—	—	—	—
50	古荡街道	20 055	1 007 960	—	—	—	—	—
51	翠苑街道	28 490	1 036 450	—	—	—	—	—
52	灵隐街道	15 000	1 051 450	—	—	—	—	—
53	西溪街道	53 119	1 104 569	1 082 571	34.7	102	0.2	0.15
54	文新街道	27 055	1 131 624	—	—	—	—	—
55	西湖街道	12 770	1 144 394	—	—	—	—	—
56	余杭街道	28 064	1 172 458	—	—	—	—	—
57	闲林街道	19 299	1 191 757	—	—	—	—	—
58	仓前街道	12 623	1 204 380	—	—	—	—	—
59	五常街道	10 831	1 215 211	—	—	—	—	—
60	仁和街道	17 539	1 232 750	—	—	—	—	—
61	中泰街道	10 068	1 242 818	1 235 674	6.6	102	1.0	0.15
62	良渚街道	40 213	1 283 031	—	—	—	—	—
63	运河街道	12 587	1 295 618	—	—	—	—	—
64	乔司街道	14 087	1 309 705	—	—	—	—	—
65	崇贤街道	13 422	1 323 127	—	—	—	—	—
66	临平街道	23 170	1 346 297	—	—	—	—	—
67	南苑街道	23 825	1 370 122	—	—	—	—	—
68	东湖街道	25 830	1 395 952	1 388 777	16.9	102	0.4	0.15
69	星桥街道	11 446	1 407 398	—	—	—	—	—
70	银湖街道	16 329	1 423 727	—	—	—	—	—
71	鹿山街道	8 182	1 431 909	—	—	—	—	—
72	富春街道	49 246	1 481 155	—	—	—	—	—

序号	街道	家庭户数/户	累计编号	SS	Pro1/%	每个街道抽取数	Pro2/%	BW
73	春江街道	7 899	1 489 054	—	—	—	—	—
74	东洲街道	12 137	1 501 191	—	—	—	—	—
75	旧县街道	3 646	1 504 837	—	—	—	—	—
76	桐君街道	22 391	1 527 228	—	—	—	—	—
77	城南街道	26 288	1 553 516	1 541 880	17.2	102	0.4	0.15
78	凤川街道	6 546	1 560 062	—	—	—	—	—
79	新安江街道	30 682	1 590 744	—	—	—	—	—
80	洋溪街道	5 327	1 596 071	—	—	—	—	—
81	更楼街道	7 511	1 603 582	—	—	—	—	—
82	锦城街道	33 718	1 637 300	—	—	—	—	—
83	青山湖街道	13 275	1 650 575	—	—	—	—	—
84	玲珑街道	8 864	1 659 439	—	—	—	—	—
85	锦南街道	4 345	1 663 784	—	—	—	—	—
86	锦北街道	13 806	1 677 590	—	—	—	—	—
87	海门街道	36 896	1 714 486	1 694 983	24.1	102	0.3	0.15
88	白云街道	32 379	1 746 865	—	—	—	—	—
89	洪家街道	22 110	1 768 975	—	—	—	—	—
90	三甲街道	26 632	1 795 607	—	—	—	—	—
91	下陈街道	18 311	1 813 918	—	—	—	—	—
92	前所街道	23 037	1 836 955	—	—	—	—	—
93	葭址街道	35 575	1 872 530	1 848 086	23.2	102	0.3	0.15
94	章安街道	37 289	1 909 819	—	—	—	—	—
95	大洋街道	25 107	1 934 926	—	—	—	—	—
96	江南街道	10 639	1 945 565	—	—	—	—	—
97	大田街道	17 660	1 963 225	—	—	—	—	—
98	邵家渡街道	16 456	1 979 681	—	—	—	—	—
99	古城街道	52 766	2 032 447	2 001 189	34.5	102	0.2	0.15
100	路南街道	13 192	2 045 639	—	—	—	—	—
101	路北街道	20 546	2 066 185	—	—	—	—	—
102	路桥街道	21 629	2 087 814	—	—	—	—	—
103	螺洋街道	10 639	2 098 453	—	—	—	—	—
104	峰江街道	18 000	2 116 453	—	—	—	—	—

续表

序号	街道	家庭户数/户	累计编号	SS	Pro1/%	每个街道抽取数	Pro2/%	BW
105	桐屿街道	15 779	2 132 232	—	—	—	—	—
106	北城街道	11 252	2 143 484	—	—	—	—	—
107	江口街道	10 080	2 153 564	—	—	—	—	—
108	澄江街道	11 153	2 164 717	2 154 292	7.3	102	0.9	0.15
109	南城街道	7 326	2 172 043	—	—	—	—	—
110	东城街道	22 033	2 194 076	—	—	—	—	—
111	西城街道	22 801	2 216 877	—	—	—	—	—
112	新前街道	14 688	2 231 565	—	—	—	—	—
113	高桥街道	7 321	2 238 886	—	—	—	—	—
114	玉城街道	97 873	2 336 759	2 307 395	63.9	102	0.1	0.15
115	坎门街道	28 937	2 365 696	—	—	—	—	—
116	大麦屿街道	23 830	2 389 526	—	—	—	—	—
117	赤城街道	39 689	2 429 215	—	—	—	—	—
118	福溪街道	18 111	2 447 326	—	—	—	—	—
119	始丰街道	18 724	2 466 050	2 460 498	12.2	102	0.5	0.15
120	太平街道	67 235	2 533 285	—	—	—	—	—
121	城东街道	22 553	2 555 838	—	—	—	—	—
122	城西街道	10 213	2 566 051	—	—	—	—	—
123	城北街道	8 615	2 574 666	—	—	—	—	—
124	横峰街道	13 618	2 588 284	—	—	—	—	—
125	福应街道	29 788	2 618 072	2 613 601	19.5	102	0.3	0.15
126	南峰街道	15 080	2 633 152	—	—	—	—	—
127	安洲街道	15 745	2 648 897	—	—	—	—	—
128	海游街道	26 283	2 675 180	—	—	—	—	—
129	海润街道	7 796	2 682 976	—	—	—	—	—
130	沙柳街道	5 902	2 688 878	—	—	—	—	—
131	鹤溪街道	8 894	2 697 772	—	—	—	—	—
132	红星街道	13 618	2 711 390	—	—	—	—	—
133	妙高街道	23 280	2 734 670	—	—	—	—	—
134	云峰街道	9 290	2 743 960	—	—	—	—	—
135	西屏街道	20 709	2 764 669	—	—	—	—	—
136	水南街道	6 578	2 771 247	2 766 704	4.3	102	1.6	0.15

序号	街道	家庭户数/户	累计编号	SS	Pro1/%	每个街道抽取数	Pro2/%	BW
137	望松街道	4 716	2 775 963	—	—	—	—	—
138	鹤城街道	21 030	2 796 993	—	—	—	—	—
139	瓯南街道	9 165	2 806 158	—	—	—	—	—
140	油竹街道	7 988	2 814 146	—	—	—	—	—
141	五云街道	15 290	2 829 436	—	—	—	—	—
142	新碧街道	13 504	2 842 940	—	—	—	—	—
143	仙都街道	4 490	2 847 430	—	—	—	—	—
144	屏都街道	4 547	2 851 977	—	—	—	—	—
145	濛洲街道	12 033	2 864 010	—	—	—	—	—
146	松源街道	16 309	2 880 319	—	—	—	—	—
147	万象街道	22 991	2 903 310	—	—	—	—	—
148	岩泉街道	20 984	2 924 294	2 919 807	13.7	102	0.5	0.15
149	紫金街道	22 061	2 946 355	—	—	—	—	—
150	白云街道	14 404	2 960 759	—	—	—	—	—
151	联城街道	10 266	2 971 025	—	—	—	—	—
152	南明山街道	16 676	2 987 701	—	—	—	—	—
153	浮云街道	9 192	2 996 893	—	—	—	—	—
154	元和街道	9 277	3 006 170	—	—	—	—	—
155	白龙山街道	8 086	3 014 256	—	—	—	—	—
156	凤凰山街道	7 732	3 021 988	—	—	—	—	—
157	龙渊街道	13 949	3 035 937	—	—	—	—	—
158	西街街道	11 525	3 047 462	—	—	—	—	—
159	剑池街道	11 064	3 058 526	—	—	—	—	—
160	塔石街道	3 532	3 062 058	—	—	—	—	—

3. 调查过程

根据抽样结果，2021 年 8 月 1 ~ 10 日，本书在 3 个省辖市的 20 个街道共发放 2040 份问卷，具体调查以及数据录入等各项工作时间安排如表 7-4 所示。低碳消费行为研究中剔除无效问卷 99 份，实际有效问卷 1941 份，问卷有效率为 95.15%；碳补偿支付意愿研究中剔除无效问卷 200 份，实际有效问卷 1840 份，问卷有效率为 90.20%。

表7-4   工作时间安排表

时间	工作安排	主要内容
2021年6月26日~2021年7月10日	前期准备工作	查阅相关资料,理解文章主题,整理、分析文献,厘清文章框架结构
2021年7月11~30日	问卷设计	对居民低碳消费行为及意愿、个体因素和社会环境因素设计问卷,并根据预调研结果修订,形成正式问卷
2021年7月25~31日	抽样与调查方案设计	根据实际情况确定抽样方法,并搜集数据,展开具体抽样,最后根据抽样结果确定调查方案
2021年8月1~10日	问卷调查	根据抽样结果,对所有问卷编号后,分组进行问卷调查,根据各地级市的街道数,合理灵活安排小组前往调查,达到省时省力目的
2021年8月10~11日	数据录入	根据实际调查情况,统一方法后,小组成员分工合作,运用Excel软件,进行数据录入工作

7.2   低碳消费行为研究结果

7.2.1   信度与效度检验

1. 信度检验

本书通过SPSS22.0软件分析得到的问卷各变量的信度检验结果。根据表7-5的信度检验结果可知,在未删除任何题项时,低碳消费行为意愿、低碳消费行为、环境价值观、责任归属、个人规范、态度、感知行为控制、政策法规、低碳消费情感、气候变化认知因素的标准化后的克隆巴赫系数大于0.7或接近于0.7。同时根据项目删除后的克隆巴赫系数可以看出,总体都小于标准化后的克隆巴赫系数。因此以上变量的信度较好,表现出较好的内部一致性。但是,后果意识和主观规范根据项目删除后的克隆巴赫系数可以看出,分别删除AC22、SN33后都大于其对应的标准化后的克隆巴赫系数。因此,为提高信度,本书删除题项AC22、SN33。

表 7-5 低碳消费行为中的信度检验结果

变量	题项	删除项目后的标度平均值	删除项目后的标度方差	校正后项目与总分相关性	平方多重相关	项目删除后的克隆巴赫系数	标准化后的克隆巴赫系数
低碳消费行为意愿（BI）	BI1	56.630	42.140	0.398	0.226	0.826	
	BI2	56.730	41.687	0.398	0.226	0.826	
	BI3	56.480	41.848	0.510	0.335	0.819	
	BI4	57.420	41.162	0.309	0.158	0.837	
	BI5	56.240	43.490	0.410	0.223	0.825	
	BI6	56.370	42.176	0.394	0.207	0.826	
	BI7	56.320	41.973	0.529	0.349	0.819	
	BI8	56.780	40.571	0.471	0.244	0.821	0.842
	BI9	56.380	41.855	0.550	0.362	0.818	
	BI10	56.670	40.875	0.506	0.454	0.819	
	BI11	56.870	40.001	0.527	0.463	0.817	
	BI12	56.830	40.718	0.495	0.289	0.820	
	BI13	56.610	41.549	0.515	0.382	0.819	
	BI14	56.470	42.010	0.502	0.364	0.820	
	BI15	56.660	41.523	0.452	0.255	0.822	
低碳消费行为（BA）	BA51	49.050	64.287	0.366	0.179	0.840	
	BA52	48.920	62.047	0.464	0.269	0.834	
	BA53	48.770	61.120	0.514	0.375	0.831	
	BA54	49.690	61.791	0.438	0.237	0.837	
	BA55	48.570	63.636	0.493	0.277	0.833	
	BA56	48.460	64.191	0.347	0.146	0.842	
	BA57	48.720	61.742	0.510	0.383	0.832	0.846
	BA58	48.850	61.355	0.488	0.276	0.833	
	BA59	48.450	62.855	0.537	0.335	0.831	
	BA60	48.840	62.273	0.448	0.513	0.836	
	BA61	49.080	60.991	0.490	0.533	0.833	
	BA62	49.040	61.155	0.580	0.473	0.827	
	BA63	48.790	61.761	0.597	0.470	0.827	
	BA64	48.910	60.856	0.528	0.321	0.830	

续表

变量	题项	删除项目后的标度平均值	删除项目后的标度方差	校正后项目与总分相关性	平方多重相关	项目删除后的克隆巴赫系数	标准化后的克隆巴赫系数
环境价值观（EV）	BV16	20.900	8.946	0.462	0.436	0.665	0.765
	BV17	20.830	8.962	0.508	0.570	0.658	
	AV18	20.790	9.082	0.527	0.580	0.658	
	AV19	20.920	9.027	0.424	0.404	0.673	
	SV20	21.830	6.928	0.430	0.490	0.689	
	SV21	21.600	6.667	0.496	0.501	0.657	
后果意识（AC）	AC22	8.330	2.316	0.473	0.224	0.853	0.780
	AC23	8.440	1.712	0.706	0.567	0.612	
	AC24	8.460	1.714	0.709	0.569	0.608	
责任归属（AR）	AR25	3.600	0.831	0.877	0.770	—	0.935
	AR26	3.590	0.843	0.877	0.770	—	
个人规范（PN）	PN27	8.560	1.150	0.699	0.509	0.726	0.819
	PN28	8.560	1.152	0.717	0.526	0.707	
	PN29	8.410	1.318	0.608	0.371	0.815	
态度（AT）	AT30	8.040	1.520	0.427	0.224	0.630	0.673
	AT31	8.260	1.249	0.582	0.342	0.429	
	AT32	8.630	1.141	0.443	0.225	0.636	
主观规范（SN）	SN33	8.160	1.418	0.242	0.067	0.672	0.572
	SN34	7.520	1.632	0.459	0.294	0.246	
	SN35	7.380	1.951	0.382	0.262	0.393	
感知行为控制（PBC）	PBC36	3.810	0.576	0.532	0.283	—	0.675
	PBC37	3.880	0.578	0.532	0.283	—	
政策法规（PO）	PO38	8.230	1.571	0.547	0.300	0.762	0.775
	PO39	8.110	1.638	0.633	0.426	0.654	
	PO40	8.100	1.751	0.640	0.429	0.655	
低碳消费情感（AF）	AF41	21.410	6.551	0.620	0.501	0.835	0.857
	AF42	21.330	6.671	0.673	0.545	0.827	
	AF43	21.390	6.445	0.663	0.477	0.827	
	AF44	21.570	6.162	0.634	0.448	0.834	
	AF45	21.430	6.384	0.639	0.461	0.831	
	AF46	21.460	6.338	0.640	0.467	0.831	

变量	题项	删除项目后的标度平均值	删除项目后的标度方差	校正后项目与总分相关性	平方多重相关	项目删除后的克隆巴赫系数	标准化后的克隆巴赫系数
气候变化认知（RE）	RE47	12.770	3.466	0.652	0.429	0.815	0.847
	RE48	12.900	3.172	0.687	0.476	0.803	
	RE49	12.700	3.371	0.722	0.543	0.785	
	RE50	12.580	3.717	0.678	0.489	0.808	

2. 效度检验

在信度分析基础上，本书通过 Mplus8.0 分析得到验证性因子分析结果。表 7-6 为分析结果，其中 BI1、BI2、BI4、BI5 等题项的因子载荷较低，都小于 0.5，虽然 RMSEA 和 SRMR 均符合标准，小于 0.08，但是 χ^2/df 等于 6.203，大于宽松标准 5，CFI 和 TLI 均小于 0.9。由此可以说明，模型适配度较低。因此，根据因子载荷系数和题项相关性，本书删除部分因子载荷系数小于 0.5 的题项，并在模型中加入同一潜变量下相关性较高的 2 组观察变量，即增加误差项的共变关系，得到最终修正后的模型结果，如表 7-7 所示。

表 7-6 低碳消费行为中的验证性因子分析结果

潜变量	题项	因子载荷	模型拟合值
低碳消费行为意愿（BI）	BI1	0.399	
	BI2	0.410	
	BI3	0.547	
	BI4	0.304	
	BI5	0.465	
	BI6	0.417	$\chi^2/df=6.203$
	BI7	0.585	CFI=0.779
	BI8	0.502	TLI=0.762
	BI9	0.631	RMSEA=0.052
	BI10	0.566	SRMR=0.051
	BI11	0.576	
	BI12	0.544	
	BI13	0.601	
	BI14	0.591	
	BI15	0.524	

续表

潜变量	题项	因子载荷	模型拟合值
低碳消费行为 （BA）	BA51	0.398	
	BA52	0.489	
	BA53	0.557	
	BA54	0.468	
	BA55	0.530	
	BA56	0.373	
	BA57	0.554	
	BA58	0.533	
	BA59	0.587	
	BA60	0.497	
	BA61	0.538	
	BA62	0.652	
	BA63	0.671	
	BA64	0.596	$\chi^2/\mathrm{df}=6.203$
环境价值观（EV）	BV16	0.724	CFI $=0.779$
	BV17	0.838	TLI $=0.762$
	AV18	0.821	RMSEA $=0.052$
	AV19	0.674	SRMR $=0.051$
	SV20	0.163	
	SV21	0.215	
后果意识（AC）	AC23	0.852	
	AC24	0.872	
责任归属（AR）	AR25	0.929	
	AR26	0.945	
个人规范（PN）	PN27	0.803	
	PN28	0.808	
	PN29	0.730	
态度（AT）	AT30	0.690	
	AT31	0.682	
	AT32	0.543	
主观规范（SN）	SN34	0.655	
	SN35	0.782	

潜变量	题项	因子载荷	模型拟合值
感知行为控制（PBC）	PBC36	0.737	
	PBC37	0.722	
政策法规（PO）	PO38	0.625	
	PO39	0.773	
	PO40	0.799	$\chi^2/\mathrm{df}=6.203$
低碳消费情感（AF）	AF41	0.723	CFI=0.779
	AF42	0.756	TLI=0.762
	AF43	0.697	RMSEA=0.052
	AF44	0.666	SRMR=0.051
	AF45	0.691	
	AF46	0.704	
气候变化认知（RE）	RE47	0.712	
	RE48	0.727	
	RE49	0.810	
	RE50	0.798	

表 7-7 低碳消费行为中的修正后验证性因子分析结果

潜变量	题项	因子载荷	CR	AVE	模型拟合值
低碳消费行为意愿（BI）	BI3	0.522			
	BI7	0.565			
	BI9	0.631			
	BI10	0.518			
	BI11	0.523	0.813	0.328	
	BI12	0.544			
	BI13	0.644			$\chi^2/\mathrm{df}=3.545$
	BI14	0.632			CFI=0.915
	BI15	0.552			TLI=0.905
低碳消费行为（BA）	BA53	0.566			RMSEA=0.036
	BA55	0.521			SRMR=0.037
	BA57	0.587			
	BA58	0.524			
	BA59	0.585	0.813	0.355	
	BA62	0.657			
	BA63	0.689			
	BA64	0.616			

续表

潜变量	题项	因子载荷	CR	AVE	模型拟合值
环境价值观（EV）	BV16	0.723	0.850	0.589	
	BV17	0.841			
	AV18	0.819			
	AV19	0.674			
后果意识（AC）	AC23	0.852	0.853	0.744	
	AC24	0.872			
责任归属（AR）	AR25	0.929	0.935	0.878	
	AR26	0.945			
个人规范（PN）	PN27	0.803	0.824	0.610	
	PN28	0.808			
	PN29	0.730			
态度（AT）	AT30	0.686	0.676	0.412	$\chi^2/\mathrm{df}=3.545$
	AT31	0.683			CFI = 0.915
	AT32	0.547			TLI = 0.905
主观规范（SN）	SN34	0.656	0.682	0.520	RMSEA = 0.036
	SN35	0.780			SRMR = 0.037
感知行为控制（PBC）	PBC36	0.734	0.695	0.532	
	PBC37	0.725			
政策法规（PO）	PO38	0.626	0.779	0.542	
	PO39	0.773			
	PO40	0.798			
低碳消费情感（AF）	AF41	0.666	0.852	0.490	
	AF42	0.704			
	AF43	0.697			
	AF44	0.684			
	AF45	0.717			
	AF46	0.731			
气候变化认知（RE）	RE47	0.714	0.847	0.582	
	RE48	0.727			
	RE49	0.809			
	RE50	0.797			

根据模型修正后的拟合值可知，各题项的因子载荷均大于 0.5，χ^2/df 等于 3.545，小于 5，CFI 和 TLI 均大于 0.9，RMSEA 等于 0.036，SRMR 等于 0.037，均小于 0.08，因此模型适配度较高。同时，本书计算了组合信度（CR）和平均

变异数萃取量（AVE），发现各潜变量的 CR 值均大于或接近于 0.7，说明其内部
一致性较高；除 BI 和 BA 以外，AVE 值都在 0.4 以上，说明各潜变量对观察变
量的平均解释力较高。

表 7-8 是区分效度检验结果。通过比较潜变量平均变异数萃取量（AVE）的
平方根与潜变量之间的皮尔逊相关系数，来判断区分效度。如表 7-8 所示，各潜
变量相关系数均小于 AVE 的平方根。由此可知，量表的区分效度较好。

表 7-8　低碳消费行为中的区分效度检验结果

	BI	BA	EV	AC	AR	PN	ATT	SN	PBC	PO	AF	RE
BI	0.572											
BA	0.500**	0.596										
EV	0.419**	0.221**	0.767									
AC	0.312**	0.199**	0.366**	0.862								
AR	0.341**	0.246**	0.343**	0.765**	0.937							
PN	0.492**	0.354**	0.470**	0.457**	0.588**	0.781						
AT	0.335**	0.279**	0.230**	0.364**	0.394**	0.435**	0.642					
SN	0.455**	0.367**	0.337**	0.401**	0.472**	0.564**	0.530**	0.721				
PBC	0.381**	0.339**	0.230**	0.344**	0.406**	0.458**	0.427**	0.558**	0.729			
PO	0.353**	0.276**	0.279**	0.280**	0.352**	0.429**	0.346**	0.417**	0.369**	0.736		
AF	0.462**	0.368**	0.456**	0.408**	0.448**	0.612**	0.446**	0.520**	0.431**	0.470**	0.700	
RE	0.330**	0.239**	0.448**	0.441**	0.408**	0.485**	0.320**	0.420**	0.320**	0.368**	0.591**	0.763

注：斜对角线上为各潜变量 AVE 的平方根，斜对角线下是各潜变量间的皮尔逊相关系数，** 表示相关性在 0.01 水
平上显著（双尾）。

** 表示 P<0.05。

7.2.2　模型拟合与假设检验

1. 样本描述性统计

本次对浙江省居民问卷调查的样本描述性统计如表 7-9 所示，其中女性受访
者较男性偏多，占总样本量的 58.06%；受访者的年龄偏小，其中 25～44 岁样本
量占比最大，达 50.03%，其次为 19～24 岁，占比 29.57%；职业主要集中在企
事业职员、教师/学生/研究人员和商业/服务业/运输业者中，总占比 64.50%；
受访者的受教育水平较高，高中和中专以上的受访者总占比高达 87.48%；浙江

省居民的家庭年收入较高，主要集中在 15 万～30 万元（含），家庭年消费额也较高，主要是 3 万～15 万元（含）；大多数受访者认为自己家庭与其他家庭的收入差不多，占样本量的 59.61%。

表 7-9　低碳消费行为中的样本描述性统计

项目	类型	人数	占比/%
性别	男	814	41.94
	女	1127	58.06
年龄	18 岁以下	184	9.48
	19～24 岁	574	29.57
	25～44 岁	971	50.03
	45～59 岁	174	8.96
	60 岁及以上	38	1.96
职业	公务员/企事业管理者	80	4.12
	企事业职员	340	17.52
	教师/学生/研究人员	607	31.27
	医护人员	40	2.06
	商业/服务业/运输业者	305	15.71
	军人/警察	5	0.26
	工人/农民	77	3.97
	离退休	34	1.75
	全职妈妈/爸爸	100	5.15
	失业者	24	1.24
	其他	329	16.95
受教育水平	小学及以下	41	2.11
	初中	202	10.41
	高中和中专	420	21.64
	大专	415	21.38
	本科	767	39.52
	硕士及以上	96	4.94
家庭年收入	1 万元以下	56	2.89
	1 万～3 万元（含）	90	4.64
	3 万～8 万元（含）	301	15.51
	8 万～15 万元（含）	480	24.73
	15 万～30 万元（含）	587	30.24
	30 万～100 万元（含）	371	19.11
	100 万元以上	56	2.88

续表

项目	类型	人数	占比/%
	1 万元以下	40	2.06
	1 万~3 万元（含）	200	10.31
	3 万~8 万元（含）	590	30.40
家庭年消费总额	8 万~15 万元（含）	595	30.65
	15 万~30 万元（含）	363	18.70
	30 万~100 万元（含）	130	6.70
	100 万元以上	23	1.18
	低得多	139	7.16
	低	541	27.87
相对收入水平	差不多	1157	59.61
	高	82	4.23
	高得多	22	1.13

2. 整体模型估计结果

首先，本书为检验浙江省城镇居民家庭户的低碳消费行为与低碳消费行为意愿是否存在显著差异，采用单因素方差分析进行检验。表 7-10 为方差同质性检验结果，其中显著性 P 值为 0.417>0.05，拒绝原假设，所以方差同质，因而可以进行单因素方差分析。表 7-11 是单因素方差分析结果，P 值 0.000<0.05，接受原假设，即低碳消费行为与低碳消费行为意愿之间存在显著差异。

表 7-10　方差同质性检验

Levene 统计	df1	df2	P 值
1.034	22	1914	0.417

表 7-11　单因素方差分析

项目	平方和	df	均方	F	P 值
组之间	235.939	26	9.075	28.147	0.000
组内	617.081	1914	0.322		
总计	853.020	1940			

本书通过 Mplus8.0 软件进行模型拟合度及假设检验（表 7-12）。表 7-13 是

模型拟合指标结果。为避免数据非正态影响，本书采用 MLM 估计方法（最大似然估计的稳健估计方法）估计参数。结果显示：模型的整体拟合指标 χ^2 等于 4457.486，χ^2/df 等于 4.303，介于 1~5，CFI 和 TLI 分别为 0.887、0.877，均接近于建议值 0.9，同时 RMSEA 和 SRMR 均小于临界值 0.08。因此，本书模型与样本数据适配度较好。

表 7-12 各变量样本均值统计

变量	最小值	最大值	平均值	标准偏差	方差
BI	1.000	5.000	4.088	0.506	0.256
BA	1.000	5.000	3.863	0.663	0.440
EV	1.250	5.000	4.515	0.527	0.278
AT	1.667	5.000	4.156	0.528	0.279
PN	1.000	5.000	4.257	0.526	0.277
SN	1.000	5.000	4.079	0.595	0.355
PBC	1.000	5.000	3.846	0.665	0.442
PO	1.000	5.000	4.075	0.609	0.370
AF	2.000	5.000	4.286	0.500	0.250
RE	1.000	5.000	4.245	0.602	0.363
AC	1.000	5.000	4.163	0.761	0.579
AR	1.000	5.000	3.595	0.886	0.786

表 7-13 模型拟合度指标

拟合度指标	建议值	模型指标	拟合情况
MLM χ^2	越小越好	4457.486	—
df	越大越好	1036	—
χ^2/df	$1<\chi^2/df<5$	4.303	理想
CFI	>0.9	0.887	理想
TLI	>0.9	0.877	理想
RMSEA	<0.08	0.041	理想
SRMR	<0.08	0.070	理想

假设检验结果如表7-14所示。由表7-14可知,书中提出的大部分假设得到支持。本书验证了低碳消费行为意愿对低碳消费行为的正向影响,环境价值观、低碳消费态度、个人规范和政策法规对低碳消费行为意愿的正向影响,后果意识和责任归属对个人规范的正向影响,以及后果意识对责任归属的正向影响,所以验证得到H1、H2、H3、H5、H7、H8、H9、H12成立。

表7-14 研究假设验证情况

研究假设	标准化系数	标准误	P值	假设检验
低碳消费行为意愿→低碳消费行为	0.630***	0.021	0.000	H1成立
环境价值观→低碳消费行为意愿	0.244***	0.032	0.000	H3成立
低碳消费态度→低碳消费行为意愿	0.232**	0.110	0.035	H2成立
主观规范→低碳消费行为意愿	0.093	0.134	0.487	H4不成立
个人规范→低碳消费行为意愿	0.174***	0.036	0.000	H5成立
感知行为控制→低碳消费行为意愿	0.116	0.066	0.080	H6不成立
政策法规→低碳消费行为意愿	0.067**	0.033	0.041	H12成立
低碳消费情感→低碳消费行为意愿	0.119	0.062	0.056	H10不成立
气候变化认知→低碳消费行为意愿	-0.108***	0.045	0.017	H11不成立
后果意识→低碳消费行为意愿	0.007	0.055	0.896	H7a不成立
责任归属→低碳消费行为意愿	-0.087***	0.024	0.000	H8a不成立
后果意识→个人规范	0.496***	0.021	0.000	H7成立
责任归属→个人规范	0.303***	0.020	0.000	H8成立
后果意识→责任归属	0.416***	0.024	0.000	H9成立

***表示$P<0.001$,**表示$P<0.05$。

其中,主观规范对低碳消费意愿的影响不显著(路径系数为0.093,$P>0.05$),所以H4不成立。这与陆莹莹和赵旭(2009)、罗丞(2010)的结论一致。主观规范是指外部压力,因此本书的检验结果可能是因为目前虽然有部分居民已经有关于低碳消费的道德认知和责任意识,但是在社会层面上尚未形成"以低碳消费为荣,以高碳消费为耻"的共识,全民低碳消费的社会氛围有待加强。

但是个人规范对低碳消费意愿的影响是显著的（路径系数为 0.174，$P < 0.001$）。从表 7-12 的各变量样本均值统计表可知，在本次问卷调查时，个人规范的均值为 4.257，相对主观规范均值较大。由此可知，浙江省居民对实施低碳消费行为有一定的自我期望，表现为对气候变化的责任意识，从而提高其低碳消费的意愿。

同时，本书检验发现感知行为控制对低碳消费行为意愿的影响也不显著（路径系数为 0.116，$P > 0.05$），H6 不成立。感知行为控制是指个体感受到的实施某种行为的难易程度，可能是由于浙江省居民认为个人的努力无法与全球气候变化的局势相抗衡，无法仅靠个人的努力缓解气候变暖，这难度极大，需要全球共同行动。从表 7-12 中的感知行为控制均值可知，其均值较小，仅为 3.846，由此也可以说明，消费者认为自身低碳消费的自我效能较弱，不相信自己具有扭转乾坤的能力。

这也可以用中立化理论来解释。Sykes 和 Matza（1957）提出的 5 种具体中立化技术，分别是否认责任、否认伤害、否认受害者、对谴责者的谴责和诉求更高的忠诚度。本书中居民的感知行为控制不会对低碳消费行为意愿显著影响，可能就是其选择"对谴责者的谴责"。消费者认为不仅仅是自己在实施高碳消费，其他人都在如此消费，所以不该只把矛头指向自己，而是同时也要督促其他人加快实施低碳消费。

由表 7-14 的假设检验结果可知，浙江省居民的气候变化认知和责任归属对其低碳消费行为意愿都会产生显著的负向影响，后果意识对其低碳消费行为意愿没有显著影响，所以 H7a、H8a、H11 不成立。这仍属于上述中立化理论中的"对谴责者的谴责"技术所造成的现象。个体在全球气候变暖问题上，自己具有"共同但有区别的责任"，其虽然认识到全球气候变化的趋势，也知晓全球变暖的严重后果，却不认为仅是自身的责任，而是全人类的责任，需要全人类共同努力。但根据中立化理论的"对谴责者的谴责"技术可知，这仍是消费者潜意识里的借口，仅为维护自身积极形象。

本书也验证得到政策法规对低碳消费行为意愿具有显著影响（路径系数为 0.067，$P < 0.05$）。由于人类为谋取自身利益，实施高碳消费活动给气候环境带来负外部性，造成了"公地悲剧"；Stern（2007）在研究中也提出，气候变化是迄今为止最严重的一次市场失灵，仅靠市场无济于事，需要政府强制干预，需要政府建立相关政策法规来推动居民实施低碳消费。

3. 中介效应估计结果

在整体模型估计的基础上，本书进一步分别检验以低碳消费态度和个人规范为中介变量的中介效应。依次检验法可用来检验中介效应，但是其因检验力低而被许多学者质疑（Fritz and MacKinnon，2007；Zhao et al.，2010），Sobel 检验作为依次检验法的替代，能够达到提高检验力的目的，但是却很难满足其正态分布假设（方杰和张敏强，2012）。为了弥补以上方法的不足，本书采用多数学者建议的Bootstrap 法继续进行检验（温忠麟等，2004；Cheung and Lau，2008；Biesanz et al.，2010；Hayes and Scharkow，2013；温忠麟和叶宝娟，2014）。另外，相对而言，偏差校正的非参数百分位 Bootstrap 方法（bias-corrected）比非参数百分位 Bootstrap 法（percentile bootstrap）检验力更高（Preacher and Hayes，2008）。

先检验总效应是否存在，若总效应不存在，结束检验，中介效果不存在；后进行间接效果检验，若间接效果存在，说明存在中介效果，可以继续进行直接效果的检验，若直接效果存在，说明是部分中介，若直接效果不存在，说明是完全中介；若间接效果不存在，则结束检验，说明不存在中介效果。检验标准为中介效应估计值在 Bootstrap 95% 置信区间内，且 Bootstrap 95% 置信区间不含 0，则中介效果存在。

表 7-15 是以低碳消费态度为中介变量的检验。由 Bootstrap 法检验步骤可知，首先在总效应中，环境价值观、主观规范、个人规范、政策法规和低碳消费情感的 P 值均小于 0.05，在 Bootstrap 95% 置信区间内不包含 0，所以都显著。其次，上述变量在间接效应中，主观规范、个人规范和政策法规的 P 值大于 0.05，Bootstrap 95% 置信区间内都包含 0，所以中介效应不存在，但是环境价值观和低碳消费情感在 Bootstrap 95% 置信区间内不包含 0，是显著的，因此存在中介效应，所以 H3a、H10a 成立，间接效应分别为 0.064、0.140。在直接效应中，环境价值观的 P 值小于 0.05，Bootstrap 95% 置信区间内不包含 0，是显著的，所以存在部分中介效应；低碳消费情感的 P 值大于 0.05，Bootstrap 95% 置信区间内包含 0，是不显著的，由此可以判断低碳消费态度在低碳消费情感和低碳消费行为意愿之间存在完全中介效应。

表 7-15 低碳消费态度的中介效应检验

| 研究假设 | 效应 | 点估计值 | 标准误 | P 值 | Bootstrap 95% 置信区间 | | | |
| | | | | | 偏差修正 | | 百分位数 | |
					下限	上限	下限	上限
环境价值观→低碳消费行为意愿	总效应	0.223	0.033	0.000	0.155	0.286	0.156	0.287
	间接效应	0.064	0.021	0.003	0.027	0.115	0.024	0.110
	直接效应	0.159	0.033	0.000	0.094	0.222	0.094	0.222
主观规范→低碳消费行为意愿	总效应	0.234	0.119	0.048	0.017	0.474	0.026	0.495
	间接效应	0.125	0.140	0.374	-0.116	0.387	-0.124	0.384
	直接效应	0.110	0.212	0.605	-0.316	0.524	-0.296	0.565
个人规范→低碳消费行为意愿	总效应	0.194	0.051	0.000	0.089	0.292	0.076	0.282
	间接效应	0.170	0.099	0.086	0.018	0.408	0.018	0.401
	直接效应	0.025	0.115	0.830	-0.213	0.219	-0.242	0.209
感知行为控制→低碳消费行为意愿	总效应	0.541	1.092	0.620	-0.105	3.393	-0.116	3.221
	间接效应	0.040	0.136	0.771	-0.257	0.294	-0.258	0.290
	直接效应	0.502	1.133	0.658	-0.257	3.451	-0.264	3.245
政策法规→低碳消费行为意愿	总效应	0.107	0.053	0.042	0.020	0.225	0.018	0.222
	间接效应	0.107	0.086	0.212	0.036	0.257	0.033	0.246
	直接效应	0.000	0.094	0.999	-0.155	0.129	-0.164	0.126
低碳消费情感→低碳消费行为意愿	总效应	0.207	0.050	0.000	0.106	0.301	0.107	0.302
	间接效应	0.140	0.055	0.011	0.042	0.263	0.039	0.260
	直接效应	0.067	0.073	0.353	-0.094	0.193	-0.080	0.198
气候变化认知→低碳消费行为意愿	总效应	-0.045	0.038	0.229	-0.116	0.034	-0.118	0.027
	间接效应	0.100	0.029	0.000	0.053	0.165	0.052	0.162
	直接效应	-0.146	0.040	0.000	-0.227	-0.065	-0.229	-0.072

　　其中, 低碳消费态度不是主观规范、个人规范、感知行为控制、政策法规与低碳消费行为意愿的中介变量, 所以 H4a、H5a、H6a、H12a 不成立。这可能与在计划行为理论中的主观规范是指外界社会压力有关, 感知行为控制是指个体感知到的实施行为的难易程度, 由外部因素决定, 因此还是一种社会压力, 这两者都属于弱约束, 对个体低碳消费态度的影响并不大; 政策法规是外界强制性的压力, 因而其本身对低碳消费态度的影响也不大; 规范激活模型中的个人规范本身与低碳消费态度并无直接关联, 因而无法影响态度。同时, 个人规范、主观规范

与社会规范可与规范焦点理论联系起来。根据潘丽丽和王晓宇（2018）研究，社会规范就是主观规范，而在规范焦点理论中，社会规范可分为描述性规范和命令性规范，分别指多数人的典型做法（无意识的）和某文化下多数人赞成或反对的行为标准（韦庆旺和孙健敏，2013）。Nolan 等（2008）研究发现，当受到太多信息干预时，如"社会责任""保护环境"等无意识的描述性规范对个体的节能行为影响较小。Schultz 等（2007）研究发现，命令性规范可以弥补描述性规范的不足。由此可见，个人规范强调的社会责任感对低碳消费态度的引导作用，还需要外部社会压力的约束。

本书发现低碳消费态度在环境价值观和低碳消费情感对低碳消费行为意愿的影响中具有中介效应。由此可见，如果浙江省居民具有积极的环境价值观和热爱环境的情感，其会转化为积极的低碳消费态度，从而更愿意实施低碳消费行为。但是本书也发现，低碳消费态度在气候变化认知与低碳消费行为意愿的影响中不存在中介效应（即 H11a 不成立）。这可能还是因为个体认为自己在全球气候变化问题上具有"共同但有区别的责任"，其虽然认识到全球气候变暖的现状与后果，但把责任归因到其他高碳消费者身上，所以这对个体本身的态度并无影响。

表 7-16 是个人规范的中介效应检验。在总效应中，后果意识和责任归属总效应的 P 值都大于 0.05，且 Bootstrap 95% 置信区间都包含 0，所以不显著。由此可以判断，个人规范在后果意识、责任归属对低碳消费行为意愿不存在简单中介

表 7-16 个人规范的中介效应检验

研究假设	效应	点估计值	标准误	P 值	Bootstrap 95% 置信区间			
					偏差修正		百分位数	
					下限	上限	下限	上限
后果意识→低碳消费行为意愿	总效应	0.051	0.052	0.332	−0.001	0.154	−0.008	0.126
	间接效应	0.047	0.027	0.083	0.016	0.131	0.013	0.121
	直接效应	0.004	0.063	0.950	−0.076	0.112	−0.095	0.096
责任归属→低碳消费行为意愿	总效应	−0.015	0.014	0.295	−0.045	0.011	−0.047	0.009
	间接效应	0.023	0.009	0.008	0.006	0.040	0.001	0.038
	直接效应	−0.038	0.012	0.001	−0.062	−0.016	−0.062	−0.016
后果意识→低碳消费行为意愿的链式中介	总效应	0.043	0.051	0.403	−0.012	0.123	−0.022	0.103

研究假设	效应	点估计值	标准误	P值	Bootstrap 95%置信区间			
					偏差修正		百分位数	
					下限	上限	下限	上限
责任归属为中介变量	具体间接效应	−0.020	0.008	0.014	−0.040	−0.008	−0.040	−0.008
个人规范为中介变量	具体间接效应	0.047	0.027	0.083	0.016	0.131	0.013	0.121
以责任归属、个人规范为中介变量	具体间接效应	0.012	0.004	0.005	0.005	0.021	0.001	0.019
	总间接效应	0.039	0.029	0.182	−0.006	0.110	−0.011	0.099
	直接效应	0.004	0.063	0.950	−0.076	0.112	−0.095	0.096

和链式中介作用，所以 H7b、H8b、H9a 不成立。责任归属和后果意识只是独立影响个人规范，其对低碳消费行为意愿都没有显著影响。因此，总的来说，无论是在整体模型，还是在中介变量模型中，规范激活模型对低碳消费行为意愿的解释力是弱的。所以正如 Stern（2007）所说，气候变化是迄今全球最严重的一次市场失灵，仅靠个人努力无法解决问题，还是需要政府干预。

7.2.3　讨论与不足

本书以浙江省城镇居民家庭户为研究对象，通过建立结构方程模型，检验 TPB、VBN 和 ABC 等理论中的变量对低碳消费行为意愿的影响。根据上述检验结果，书中提出以下观点。

一是传统绿色消费与低碳消费的区别。传统绿色消费的个体行为责任是明确的，后果显著，其绿色环保行为会直接对环境保护与资源节约产生正向影响，但是低碳消费需要全球共同努力，强调"共同但有区别的责任"，且作用并不显著，因为消费者为减缓气候变化的行为相对于气候变化影响而言具有一定的滞后性（任小波等，2007）。

二是实现全民低碳消费的难点在于社会共识的形成。奥尔森的《集体行动的逻辑》便可以解释这一点。《集体行动的逻辑》是公共选择理论的奠基之作，其中奥尔森提出在"理性经济人"假设条件下，除非一个集团中人数很少，或是存在强制或其他特殊手段使个人按照他们的共同利益行事，有理性的、寻求自我利益的个人不会采取行动以实现他们共同或集团的利益。因为理性经济人都追求利益最大化，但是在集体行动中，尤其是处于大集团中，分享利益的人越多，个人利益份额就越小。由此可以推断书中的低碳消费由于减缓气候变化需要全球共同行动、需要全人类共同实施低碳消费，是一个大集团行动，需要牺牲部分个人利益，这可能就是目前全面低碳消费的社会共识没有形成的原因。

在理论意义上，本书发现，上述理论框架并不都适用于解释低碳消费行为意愿，尤其是规范激活理论，其对低碳消费行为意愿的解释能力很弱，这也说明对低碳消费行为的研究，需要进一步挖掘理论模型并加以完善。虽然本书中不成立的假设检验较多，但大多都可以结合浙江省居民的实际作出相应解释，这正是本书的特点之一。在实践意义上，根据实证检验结果，本书提出相关政策建议，以提高居民的低碳消费意识，为全球气候变化作出贡献。

7.3 碳补偿支付意愿研究结果

7.3.1 样本描述性统计与意愿分布

本书运用 SPSS 22.0 软件对问卷调查数据进行描述性统计分析，结果如表 7-17 所示。其中，男性占比为 41.68%，女性占比为 58.32%；受访者年龄偏小，主要集中在 25 ~ 44 岁，占比为 50.11%，其次为 19 ~ 24 岁，占比为 29.51%；受访者职业主要为教师/学生/研究人员，占总样本的 30.54%，其次为企事业职员，占比为 17.61%；受访者的受教育水平较高，高中和中专以上学历（包括高中和中专）占比为 87.66%；受访者家庭年收入较高，年收入在 15 万元以上的占比为 52.33%。

本书采用单边界二分式问卷询问受访者关于碳补偿的支付意愿，各个投标值的支付意愿结果如表 7-18 所示。本书共设置 6 个投标值，发现随着投标值增高，受访者愿意支付的概率逐渐降低，符合边际支付意愿递减规律。在 1840 份有效样本中，有 957 人愿意额外为降低碳排放量支付一定金额，但也有 883 人不愿意支付。其中，表 7-19 是 883 份样本中不愿意支付的原因统计，有 284 人是因为经济水平较低而无法支付，属于真实零支付；有 198 人认为自己已纳税而不再需要个人支付；有 109 人认为应该由政府出资降低二氧化碳排放量；有 74 人认为应该由企业出资降低二氧化碳排放量；有 203 人担心自己支付的费用不能得到有效应用而不愿意支付；也有 15 人认为气候变化与个人无关。通过统计分析不愿意支付原因，本书发现除经济因素外不愿意支付的样本，属于抗议性零支付。因此，因此，本书最后将 957 份愿意支付的样本和 284 份真实零支付的样本，共 1241 份样本纳入统计分析中。

表 7-17　样本描述性统计

变量	类别	人数	占比/%
性别	男	767	41.68
	女	1073	58.32
年龄	18 岁以下	167	9.08
	19～24 岁	543	29.51
	25～44 岁	922	50.11
	45～59 岁	171	9.29
	60 岁及以上	37	2.01
职业	公务员/企事业管理者	77	4.19
	企事业职员	324	17.61
	教师/学生/研究人员	562	30.54
	医护人员	39	2.12
	商业/服务业/运输业者	288	15.65
	军人/警察	5	0.27
	工人/农民	76	4.13
	离退休	34	1.85
	全职妈妈/爸爸	97	5.27
	失业者	22	1.20
	其他	316	17.17
受教育水平	小学及以下	38	2.07
	初中	189	10.27
	高中和中专	396	21.52
	大专	394	21.41
	本科	732	39.78
	硕士及以上	91	4.95

变量	类别	人数	占比/%
	1 万元以下	52	2.83
	1 万~3 万元（含）	84	4.57
	3 万~8 万元（含）	290	15.76
家庭年收入	8 万~15 万元（含）	451	24.51
	15 万~30 万元（含）	560	30.43
	30 万~100 万元（含）	354	19.24
	100 万元以上	49	2.66

表 7-18　单边界二分式问卷各投标值分布

项目		投标值/元					
		10	20	30	50	80	100
愿意	频率	194	168	169	156	139	131
	占比/%	62.38	54.37	55.78	50.49	46.96	41.99
不愿意	频率	117	141	134	153	157	181
	占比/%	37.62	45.63	44.22	49.51	53.04	58.01
总计		311	309	303	309	296	312

表 7-19　不愿意支付原因统计

不愿意支付原因	频数	占比/%
经济水平较低，无能力支付	284	32.2
已经纳税，不应该再由个人支付费用	198	22.4
应对气候变化应由政府出资，而不是个人	109	12.3
应对气候变化应由企业承担责任，而不是个人	74	8.4
担心支付的费用不能得到有效应用	203	23.0
气候变化与个人无关，无须为此承担责任	15	1.7
总计	883	100

7.3.2 信度与效度检验

1. 信度检验

本书利用 SPSS22.0 软件对样本数据进行信度检验，结果如表 7-20 所示。其中，在未删除任何题项时，环境价值观、后果意识、责任归属、个人规范、态度和感知行为控制的标准化后的克隆巴赫系数都大于或接近于 0.7，说明信度较好。但是根据项目删除后的克隆巴赫系数，后果意识和主观规范在分别删除 AC22、SN33 后都大于其对应的标准化后的克隆巴赫系数。因此为达到较好信度，本书删除题项 AC22、SN33。

表 7-20 碳补偿支付意愿中的信度检验结果

潜变量	题项	删除项目后的标度平均值	删除项目后的标度方差	校正后项目与总分相关性	平方多重相关	项目删除后的克隆巴赫系数	标准化后的克隆巴赫系数
EV	BV16	20.929	8.942	0.476	0.490	0.670	0.774
	BV17	20.854	9.034	0.498	0.607	0.668	
	AV18	20.822	9.114	0.515	0.586	0.668	
	AV19	20.938	9.158	0.411	0.432	0.684	
	SV20	21.862	6.611	0.478	0.584	0.676	
	SV21	21.686	6.398	0.516	0.590	0.660	
AC	AC22	8.360	2.342	0.482	0.233	0.865	0.790
	AC23	8.475	1.698	0.722	0.594	0.621	
	AC24	8.484	1.710	0.725	0.595	0.618	
AR	AR25	3.683	0.710	0.876	0.768	—	0.934
	AR26	3.683	0.739	0.876	0.768	—	
PN	PN27	8.624	1.069	0.685	0.487	0.721	0.812
	PN28	8.614	1.066	0.705	0.507	0.700	
	PN29	8.482	1.206	0.603	0.365	0.802	
AT	AT30	8.109	1.489	0.442	0.228	0.648	0.688
	AT31	8.336	1.209	0.589	0.349	0.459	
	AT32	8.685	1.060	0.474	0.249	0.635	

续表

潜变量	题项	删除项目后的标度平均值	删除项目后的标度方差	校正后项目与总分相关性	平方多重相关	项目删除后的克隆巴赫系数	标准化后的克隆巴赫系数
SN	SN33	8.223	1.312	0.303	0.100	0.674	
	SN34	7.599	1.597	0.492	0.310	0.310	0.612
	SN35	7.463	1.925	0.411	0.267	0.457	
PBC	PBC36	3.836	0.570	0.556	0.309	—	
	PBC37	3.934	0.546	0.556	0.309	—	0.715

2. 效度检验

本书利用 MPLUS8.0 在信度分析基础上进行验证性因子分析。根据验证性因子分析结果，本书发现 SV20、SV21 题项因子载荷小于 0.5，且模型拟合度各指标不理想，因此删除上述题项进行验证性因子分析，结果如表 7-21 所示。本文发现 χ^2/df 等于 3.605，小于 5；CFI 和 TLI 值均大于 0.9；RMSEA 和 SRMR 值均小于 0.08。因此模型拟合度较好。

表 7-21   碳补偿支付意愿中的验证性因子分析结果

潜变量	题项	因子载荷	CR	AVE	模型拟合值
EV	BV16	0.748			
	BV17	0.859	0.863	0.612	
	AV18	0.817			
	AV19	0.696			
AC	AC23	0.869	0.813	0.601	
	AC24	0.865			
AR	AR25	0.935	0.934	0.876	$\chi^2/df = 3.605$
	AR26	0.937			CFI = 0.956
PN	PN27	0.788			TLI = 0.942
	PN28	0.811	0.817	0.599	
	PN29	0.719			RMSEA = 0.046
AT	AT30	0.685			SRMR = 0.049
	AT31	0.701	0.690	0.428	
	AT32	0.569			
SN	SN34	0.666	0.683	0.521	
	SN35	0.773			
PBC	PBC36	0.774	0.716	0.558	
	PBC37	0.719			

本书根据潜变量各题项的因子载荷，测算潜变量的组合信度（CR）和平均变异数萃取量（AVE），发现各潜变量的 CR 值均大于或接近于 0.7，内部一致性较高；AVE 值都在 0.5 以上或接近于 0.5，说明各潜变量对观察变量的平均解释力较高。

表 7-22 是区分效度检验结果。通过比较潜变量平均变异数萃取量（AVE）的平方根与潜变量之间的皮尔逊相关系数，来判断区分效度。如表 7-21 所示，各潜变量相关系数均小于 AVE 的平方根。由此可知，量表的区分效度较好。

表 7-22　碳补偿支付意愿中的区分效度检验结果

潜变量	平均值	标准偏差	EV	AC	AR	PN	AT	SN	PBC
EV	4.532	0.511	0.783						
AC	4.220	0.659	0.473**	0.775					
AR	3.683	0.825	0.202**	0.320**	0.936				
PN	4.287	0.505	0.461**	0.452**	0.421**	0.774			
AT	4.188	0.519	0.339**	0.353**	0.347**	0.627**	0.654		
SN	4.112	0.573	0.355**	0.393**	0.304**	0.588**	0.571**	0.721	
PBC	3.885	0.659	0.220**	0.257**	0.309**	0.479**	0.493**	0.565**	0.747

注：斜对角线上为各潜变量 AVE 的平方根，斜对角线下是各潜变量间的皮尔逊相关系数，**表示相关性在 0.01 水平上显著（双尾）。

7.3.3　WTP 测算

为避免多重共线性的影响，本书运用 SPSS 22.0 软件，采用向前逐步回归方法，对问卷数据进行二元 Logistic 回归分析，共分为 8 步。表 7-23 为各个步骤中的模型检验结果，其中根据模型 8 的系数综合检验结果可知，显著性 $P<0.001$，说明最终模型总体具有统计学意义；根据模型 8 的 Hosmer-Lemeshow 检验结果可知，显著性 $P>0.05$，接受原假设，说明最终模型拟合度较好；由于 -2LL 值越小，代表模型拟合度越好，因此根据表 7-23 中的 -2LL 值可知，随着解释变量的不断调整，模型的 -2LL 值逐渐减小，说明模型拟合效果变好。表 7-24 为模型预测准确率，由表 7-24 可知，随着解释变量调整，模型 1～模型 8 的预测准确率总体有所提高，模型 8 的预测准确率达 78.1%。

表 7-23　模型检验结果

模型	模型系数综合检验			Hosmer-Lemeshow 检验			−2LL 值
	χ^2	df	P 值	χ^2	df	P 值	
模型 1	61.262	1	0.000	6.069	3	0.108	1273.757
模型 2	88.877	2	0.000	9.212	8	0.325	1246.141
模型 3	101.749	3	0.000	4.438	8	0.816	1233.269
模型 4	111.012	4	0.000	16.993	8	0.030	1224.007
模型 5	118.447	5	0.000	9.909	8	0.271	1216.571
模型 6	123.549	6	0.000	9.656	8	0.290	1211.470
模型 7	129.045	7	0.000	8.711	8	0.367	1205.973
模型 8	134.432	8	0.000	4.408	8	0.819	1200.586

表 7-24　模型预测准确率

模型	观测值		预测值		
			WTP		预测准确率/%
			0	1	
模型 1	WTP	0	19	265	6.7
		1	25	932	97.4
	总体百分比				76.6
模型 2	WTP	0	16	268	5.6
		1	18	939	98.1
	总体百分比				77.0
模型 3	WTP	0	28	256	9.9
		1	24	933	97.5
	总体百分比				77.4
模型 4	WTP	0	29	255	10.2
		1	33	924	96.6
	总体百分比				76.8
模型 5	WTP	0	33	251	11.6
		1	36	921	96.2
	总体百分比				76.9

续表

模型	观测值		预测值		
			WTP		预测准确率/%
			0	1	
模型6	WTP	0	37	247	13.0
		1	38	919	96.0
	总体百分比				77.0
模型7	WTP	0	40	244	14.1
		1	34	923	96.4
	总体百分比				77.6
模型8	WTP	0	44	240	15.5
		1	32	925	96.7
	总体百分比				78.1

表 7-25 为向前逐步回归结果。Logistic 回归系数显著性检验的目的是逐个检验模型中解释变量是否与 $LogitP$ 有显著的线性关系，此时采用的是 Wald 统计量。根据最终模型 8 估计结果，本书发现投标值（BID）、责任归属（AR）、主观规范（SN）、年龄（AGE）、职业（VOC7、VOC10、VOC11）和收入（INC）等变量与 $LogitP$ 关系更为显著（$P<0.05$），因此被纳入模型回归方程中。但是，由于环境价值观（EV）、后果意识（AC）、个人规范（PN）、态度（AT）、感知行为控制（PBC）、性别（GENDER）、职业（VOC1、VOC2、VOC3、VOC4、VOC5、VOC6、VOC8、VOC9）、受教育水平（EDU）等变量与 $LogitP$ 关系不显著（$P>0.05$），因此没有被纳入模型回归方程中。根据被纳入回归方程中的变量，本书可构建得到如下回归模型。

$$y=-2.354-0.011\text{BID}+0.225\text{AR}+0.278\text{SN}+0.325\text{AGE}$$
$$-0.883\text{VOC7}-1.533\text{VOC10}-0.438\text{VOC11}+0.355\text{INC} \tag{7-16}$$

将各变量系数及其均值代入式（7-16）中，得到平均支付意愿期望值为

$$E(\text{WTP})=78.7 \text{ 元/(月·户)}$$

由于本书抽样调查区域为浙江省城镇居民家庭户，因此该计算结果表示浙江省城镇家庭户均每月愿意为碳补偿支付 78.7 元。

表 7-25 Logistic 模型向前逐步回归结果

模型	变量	B	S. E.	Wald	df	P 值	Exp（B）	均值
模型 1	INC	0.389	0.051	58.720	1	0.000	1.475	4.362
	常量	−0.408	0.215	3.612	1	0.057	0.665	—
模型 2	BID	−0.011	0.002	27.499	1	0.000	0.989	46.914
	INC	0.394	0.051	59.101	1	0.000	1.483	4.362
	常量	0.124	0.239	0.270	1	0.603	1.132	—
模型 3	BID	−0.012	0.002	29.890	1	0.000	0.988	46.914
	SN	0.438	0.123	12.733	1	0.000	1.549	4.112
	INC	0.392	0.051	58.226	1	0.000	1.479	4.362
	常量	−1.621	0.544	8.879	1	0.003	0.198	—
模型 4	BID	−0.011	0.002	25.945	1	0.000	0.989	46.914
	SN	0.428	0.123	12.064	1	0.001	1.534	4.112
	AGE	0.239	0.079	9.116	1	0.003	1.271	2.592
	INC	0.386	0.051	56.392	1	0.000	1.471	4.362
	常量	−2.202	0.580	14.428	1	0.000	0.111	—
模型 5	BID	−0.011	0.002	27.350	1	0.000	0.989	46.914
	AR	0.246	0.090	7.489	1	0.006	1.279	3.683
	SN	0.322	0.129	6.235	1	0.013	1.380	4.112
	AGE	0.263	0.080	10.677	1	0.001	1.300	2.592
	INC	0.389	0.052	56.573	1	0.000	1.476	4.362
	常量	−2.720	0.613	19.658	1	0.000	0.066	—
模型 6	BID	−0.011	0.002	26.249	1	0.000	0.989	46.914
	AR	0.244	0.090	7.313	1	0.007	1.276	3.683
	SN	0.316	0.130	5.951	1	0.015	1.372	4.112
	AGE	0.275	0.081	11.584	1	0.001	1.317	2.592
	VOC10（1）	−1.365	0.608	5.038	1	0.025	0.256	—
	INC	0.383	0.052	54.372	1	0.000	1.467	4.362
	常量	−2.684	0.615	19.029	1	0.000	0.068	—

续表

模型	变量	B	S. E.	Wald	df	P值	Exp（B）	均值
模型7	BID	−0.011	0.002	25.935	1	0.000	0.989	46.914
	AR	0.230	0.091	6.353	1	0.012	1.258	3.683
	SN	0.301	0.130	5.378	1	0.020	1.352	4.112
	AGE	0.311	0.083	14.102	1	0.000	1.365	2.592
	VOC7（1）	−0.776	0.325	5.701	1	0.017	0.460	0.040
	VOC10（1）	−1.435	0.607	5.593	1	0.018	0.238	0.011
	INC	0.363	0.053	47.535	1	0.000	1.438	4.362
	常量	−2.543	0.619	16.885	1	0.000	0.079	—
模型8	BID	−0.011	0.002	25.173	1	0.000	0.989	46.914
	AR	0.225	0.091	6.046	1	0.014	1.252	3.683
	SN	0.278	0.131	4.531	1	0.033	1.321	4.112
	AGE	0.325	0.084	14.963	1	0.000	1.383	2.592
	VOC7（1）	−0.883	0.328	7.226	1	0.007	0.414	0.040
	VOC10（1）	−1.533	0.607	6.380	1	0.012	0.216	0.011
	VOC11（1）	−0.438	0.186	5.561	1	0.018	0.645	0.159
	INC	0.355	0.053	45.236	1	0.000	1.426	4.362
	常量	−2.354	0.625	14.208	1	0.000	0.095	—

7.3.4 碳补偿支付意愿影响因素分析

根据表7-25可知，模型8中的所有变量都在5%的显著性水平下通过统计检验。投标值（BID）变量系数显著为负，表明投标值越大，受访者对于碳补偿的支付意愿越小，这符合消费者的偏好选择以及经济学中的外部性原理。

在心理变量中，责任归属（AR）与支付意愿成正比（系数为0.225，$P<0.05$），说明当受访者将气候变化原因归咎于自身时，会更愿意为实现低碳发展支付一定费用。另外，受访者的主观规范（SN）对其支付意愿也存在正向影响（系数为0.278，$P<0.05$）。这可能是由于周围人在实施低碳行为时，受访者能够感受到低碳生活的社会氛围，从而提高受访者本人对碳补偿这类有益于改善气候

变化的措施的支付意愿。

价值观是态度形成的基础。根据本书研究结果可知，环境价值观（EV）和态度（AT）对支付意愿的影响并不显著。一方面，这可能是因为浙江省城镇居民对目前气候变化形势及其原因尚未形成正确且全面的认知与评价。也有学者质疑气候变化与人类活动碳排放的关系，认为自然演变是导致气候变化的根本原因，而非人类活动（钱维宏，2010）。另一方面，公众可能尚未把碳排放与气候变化问题和传统的环境保护问题联系起来。普通公众眼中的环境问题是可被直接观察到的、切实可见的，如乱扔垃圾、水质污染等，但是对于造成气候变暖的碳排放问题，知之甚少。因此，虽然公众具有环保价值观与态度，但并未将其与碳排放问题联系起来，进而也不愿意支付相应费用。同时，由于本书的调查问卷量表中，关于环境价值观与态度的测量，都参照已有成熟量表，且都围绕环境问题这一大方向展开，根据研究结果推断，可能这一经典量表并不适用于气候变化问题研究。因此针对气候变化问题亟须开发新量表，以进行更加科学有效的研究。

本书也发现受访者的个人规范（PN）对碳补偿支付意愿不存在显著作用。郭清卉等（2019）指出，在个体亲环境行为中，个人规范被激活过程会受到群体生活中所存在的社会规范因素的影响。社会规范与本书中所提出的主观规范类似，都可以指个体周围人的行为对自身所产生的社会压力，而个人规范是被内化的社会规范，是一种道德义务（张晓杰等，2016）。Tao 等（2021）在其研究中指出，主观规范内化形成个人规范需要较长时间，而碳补偿作为一种新机制，直到最近才开始发挥作用，这就导致道德内化有限。由此可以推断，本书中个人规范对受访者的碳补偿支付意愿影响不显著，可能是因为个人对于气候变化以及碳补偿的责任尚未内化于自主选择。即使周围人的低碳生活方式对个体存在一定的社会压力（前文已证明主观规范对碳补偿支付意愿存在正向影响），但个体尚未将这种社会压力内化于心，形成道德责任感，从而无法影响其支付意愿。

与此同时，本书也发现后果意识（AC）对支付意愿的影响不显著。一方面，与其他绿色环保行为不同，碳补偿行为是责任不明确、后果不明确的。也许个人认为自己有责任应对气候变化，但只有当其将该责任归结于自身时，其才会愿意采取行动，而且碳补偿效果也不是立竿见影的。另一方面，居民对碳补偿支付一定费用，与征收碳税类似，可能会降低居民福利（李雪慧等，2019）。在不愿意支付原因调查中（表7-19），共有34.7%的受访者认为个人已经纳税，不应再由个人支付费用，或是认为应对气候变化应由政府出资，而非个人。因此，明确碳补偿责任，对于缓解气候变化、实现低碳发展具有重要意义。

感知行为控制（PBC）对支付意愿也不存在显著影响。这可能是因为感知行为控制是指感知到的执行行为的难易程度，由于目前碳补偿机制尚不完善，即使公众具有为碳补偿支付费用的经济能力，但对于这种支付方式缺乏实际经验，且渠道有限，无法进行支付。

在人口统计学变量中，年龄（AGE）与支付意愿成正比（系数为0.325，P值小于0.05），这与 Li 等（2018）的研究研究结果一致，可能是因为随着浙江省城镇居民年龄增长，物质财富积累与身体机能的退化，对生活环境的要求有所提高，因此其更愿意为碳补偿支付一定金额。收入（INC）越高，受访者的支付意愿也越大。但是，性别（GENDER）对受访者的支付意愿并无显著影响，这与 Nakamura 和 Kato（2013）、齐绍洲等（2019）的研究结果一致。受教育水平（EDU）对支付意愿的影响也不显著：一方面，这可能是因为在当今大数据时代，消费者获取气候变化信息渠道是多元的，如网络与电视媒体等，因此接受教育并不是消费者提高气候变化认知的唯一条件，因而也无法影响其对碳补偿的支付意愿；另一方面，这也可能是因为目前学校教育中缺乏对于气候变化这类环境问题的全面深入教学，使得这类环境责任没有内化于个人规范。职业变量中，本书发现受访者为工人和农民（VOC7）、失业者（VOC10）或其他职业（VOC11）时，其回归系数显著为负，表明此类受访者的碳补偿支付意愿低，这可能是因为相对于本书调查的其他几类职业，上述三类职业收入较少，因而受访者无法承担更多费用进行碳补偿。

7.3.5 讨论

本书通过 CVM 单边界二分式问卷引导技术，测算得到浙江省城镇家庭户碳补偿支付意愿为78.7元/（月·户）。由于本书以家庭户为最小抽样单位，根据浙江省第七次全国人口普查情况可知，平均每个家庭户为2.35人，因此本书得到浙江省居民支付意愿约为33.5元/（月·人），即402元/（年·人）。这与 Tao 等（2021）的研究结果基本一致，该学者测算得到中国消费者每人每年愿意支付419.2元的碳补偿费用。

刘海凤等（2011）以北京市居民为研究对象，测算其对低碳电力的支付意愿，指出北京市居民平均支付意愿为 55.3 元/（月·户）①。由此可见，本书的测算结果相对较大，这主要是因为本书所测算的为整个行业的碳补偿支付意愿，而该学者针对的是单个低碳电力行业。

根据公开数据显示，中国 2018 年人均年碳排放量达 7.4 吨。因此结合本书数据，可换算得到每年浙江省消费者碳补偿支付意愿约为 54.3 元/吨。Jou 和 Chen（2015）通过研究从中国台湾飞往中国香港的航空旅客对碳减排的支付意愿，发现平均支付意愿为 9.0 元，根据国际民航组织碳排放计算器（ICAO Carbon Emissions Calculator，ICEC）的数据，查询得到从中国台湾飞往中国香港单程每个旅客的碳排放量为 80.8 千克②，此时 Jou 和 Chen 的研究结果应约为 111.4 元/吨。与该研究相比，本书测算得到的支付意愿值偏小。一方面，这可能是两者研究领域不同，所针对的受访者经济水平不同而引起的。由于本书研究对象为普通居民，而该学者研究对象为航空旅行者，相对而言，航空旅行者的经济水平高于普通民众，因而其支付意愿也更大。另一方面，可能是条件价值法本身存在的信息偏差导致的。由于碳补偿交易市场尚未完善，本书以模拟市场为例，直接询问消费者的支付意愿。同时，由于气候变化和碳排放问题相较于其他环境问题更为深奥复杂，本书在问卷中虽对评估对象等进行了详细描述，但仍有不少受访者不能对碳补偿支付意愿有清晰的认知和理解，引起信息偏差。

已有研究中，学者们也注意到运用条件价值评估法所造成的异常现象，因此如何纠正 CVM 本身存在的偏差，如假想偏差、信息偏差、策略性偏差与抗议性偏差等，以提高条件价值评估法的可靠性与有效性，逐渐成为相应研究的重点。张翼飞和赵敏（2007）指出可以通过收敛有效性检验和试验–复试方法进行 CVM 可靠性检验。在收敛有效性检验方面，学者们通常将 CVM 与其他估值方法进行比较检验，如 Nandagiri（2015）采用旅行费用法和条件价值法评估游客对改善湖泊水质的支付意愿，发现采用条件价值法所得的结果较低；梁萍等（2016）运用分区旅行费用法和条件价值法对青海湖景区游憩价值进行评估，指出两种方法

---

① 为避免价格因素对结论的影响，以得到较为精准的比较结果，本书以 2011 年全国消费者物价指数（CPI）为基期，将该学者的研究结果为 45.1 元/（月·户）数据进行平减，得到 2021 年的支付意愿值 55.3 元（月·户）。

② 为避免价格因素对结论的影响，以得到较为精准的比较结果，本书以 2015 年 1 月的平均汇率（1 美元=6.1272 人民币）为基准汇率，先将该学者的研究结果 1.3 美元换算为人民币约为 8.0 元；其次，以 2015 年全国 CPI 为基期，将该数据平减得到 2021 年的支付意愿值 9.0 元。

相差并不大；范紫娟等（2017）将选择实验法与条件价值法的结果进行比较，认为选择实验法更能揭示消费者偏好。在试验-复试方法方面，董雪旺等（2011）时隔一年对九寨沟游憩价值进行检验，发现结果具有较高可靠性；张翼飞等（2012）在2006年上海居民对城市内河生态恢复的支付意愿的调查研究基础上，于2010年再次进行调查，发现不同阶段的社会结构与制度会造成CVM支付意愿与真实值的偏差。

除此之外，不同学者采用不同方法对CVM的内容效度进行检验。在不同诱导技术效应上，张茵和蔡运龙（2010）进行偏差校正后，利用支付卡梯级法和1.5边界二分法引导支付意愿，发现二者估值接近；刘亚萍等（2014）采用单边界和双边界二分式诱导技术测算居民保护滨海生态环境的支付意愿，发现单边界测算值高于双边界，为避免框架锚定效应偏差，其又在上述研究基础上追加支付卡投标值问项。在应对CVM中的抗议性回答研究中，Lo和Jim（2015）通过研究抗议性响应与WTP的关系发现，当受访者对所构建的假想市场情境表示怀疑时，其支付意愿更高，当其对支付公平性表示怀疑时，其支付意愿更低；敖长林等（2019）采用Spike模型和随机效用函数模型，分别处理包括和剔除零支付的样本，发现剔除零支付样本会高估平均支付意愿，并指出政府信任度会显著影响公众抗议性支付。

基于此，针对碳补偿支付意愿研究，未来应围绕CVM偏差纠正问题重点展开，在支付意愿研究方法确定、支付意愿诱导技术选择、问卷设计、抗议性回答处理及后续结果检验等方面应尤其受到重视，以得到更为可靠有据的支付意愿值，从而为制定合理有效的碳补偿标准提供借鉴意义，以进一步推动低碳发展。

第8章 结论和建议

8.1 结 论

8.1.1 各产业部门的高碳/低碳属性

根据完全排放系数和直接排放系数，可以将产业部门分为三大类。第一类是碳排放特征明显而稳定的高碳部门，如煤炭采选产品，电力、热力的生产和供应，燃气生产和供应，石油、炼焦产品和核燃料加工品，其他制造产品，非金属矿物制品，非金属矿和其他矿采选产品，化学产品，水的生产和供应，金属冶炼和压延加工品，这些产业部门无论从哪个角度来衡量都是"碳排大户"，大多属于能源重化工业和制造业。第二类是科学研究和技术服务，信息传输、软件和信息技术服务，公共管理、社会保障和社会组织等产业部门，则位居碳排系数的倒数几位，无论从直排系数还是完排系数来看，都属于典型的相对低碳的产业，大多属于第三产业。第三类则是碳排特征依赖衡量角度、变化较为明显的，直接排放与完全排放差别很大的部门，产业隐含碳排放量较大。从直排系数到完排系数变化最大的是生产性服务业，如卫生和社会工作，农林牧渔产品和服务，金融，文化、体育和娱乐，租赁和商务服务，教育等。其中，卫生和社会工作部门的完排系数是直排系数的 58 倍，成为隐含碳排放最大的部门。

总体而言，与直接碳排放系数相比，完全碳排放系数更适合度量各产业的碳排放程度。立足于节能减排的角度，应尤其关注隐含碳排放较大的产业。加强对此类产业的能耗、碳排控制，是实现节能减排的关键。

8.1.2 各产业部门的减排责任

就生产者碳减排责任而言,电力、热力的生产和供应,化学产品,建筑,纺织品,金属冶炼和压延加工品,造纸印刷和文教体育用品,通用设备,交通运输设备,电气机械和器材,非金属矿物制品,金属制品,纺织服装鞋帽皮革羽绒及其制品,交通运输、仓储和邮政等部门的生产者碳减排责任最大。

而就消费者碳减排责任而言,电力、热力的生产和供应,化学产品,建筑,纺织品,金属冶炼和压延加工品,电气机械和器材,造纸印刷和文教体育用品,金属制品,非金属矿物制品,纺织服装鞋帽皮革羽绒及其制品,交通运输设备,交通运输、仓储和邮政等同样是最大的责任部门。

将各产业部门的生产者碳减排责任与消费者碳减排责任进行加总可以得出各产业部门的总碳减排责任。其中,电力、热力的生产和供应,化学产品,建筑都是我国资源能耗的消耗大户,是节能减排的关键领域。这三个产业部门与其他各产业部门都有着密切的联系,在其生产与消费的过程中产生了大量的隐含碳排放,这些隐含碳排放又随着产业部门之间的生产与消费活动层层转移至最终消费者,因此这三个产业部门承担着最大的消费者碳减排责任。

8.1.3 居民碳足迹测算

浙江省居民碳足迹排在前五位的分别是交通和通信、居住、生活用品及服务、食品烟酒、其他用品和服务,排在前五位的消费项目大体没有改变。2002年浙江农村居民的人均直接、间接碳足迹均高于城镇。2007年开始,浙江城镇居民的人均直接、间接碳足迹均超过农村且大幅度增长,城镇居民间接碳足迹是浙江省居民消费碳足迹的着重减排对象。

8.1.4 居民低碳消费意愿及其影响因素

浙江省城镇居民的低碳消费行为与意愿之间存在显著差异,表明行为与意愿之间存在一定悖离,但是低碳消费行为意愿对低碳消费行为具有显著正向影响。在城镇居民低碳消费行为意愿的影响因素中,环境价值观、低碳消费态度、个人规范和政策法规对低碳消费行为意愿具有显著的正向影响。同时，低碳消费态度在环境价值观和低碳消费情感对低碳消费行为意愿的影响中具有中介效应。但是，主观规范、感知行为控制、气候变化认知对低碳消费行为意愿的正向影响不成立，可能是因为全民低碳消费的社会共识尚未形成。后果意识、责任归属对低碳消费行为意愿的正向影响不成立，同时个人规范在后果意识、责任归属对低碳消费行为意愿的简单中介和链式中介作用也不成立，这说明规范激活理论对低碳消费行为意愿的解释力很弱。

8.1.5　居民碳补偿支付意愿及其影响因素

浙江省城镇居民家庭户每月的碳补偿支付意愿为78.7元，且其碳补偿支付意愿受到投标值、责任归属、主观规范、年龄、收入与职业的显著影响，但是与环境价值观、态度、个人规范、后果意识、感知行为控制、性别、受教育程度的关系并不明显。同时，最终平均支付意愿值测算会受到条件价值法本身存在的偏差以及研究领域所影响。

8.2　建　议

8.2.1　产业结构调整政策

已有研究表明，我国单位 GDP 能耗下降的主要因素是技术效应，而结构效应（包括净出口结构和产业结构）的作用几乎为零，甚至是严重的负面作用。为扭转这种局面，加快产业结构调整、大力发展低能耗产业就变得尤为重要。本书接下来根据我国各产业部门碳减排责任的典型特点，提出以下相关政策建议。

1. 调整产业结构，发展低碳产业

制定产业发展战略规划。完善现有的产业结构调整目录，严格实行市场准入制。合理发展传统重工业，大力发展先进制造业，推进第二产业内部结构调整，加快工业产业结构升级，实现产业结构低碳化。同时，低碳经济与高新技术、市场相结合，培育新兴低碳产业，最终实现经济与能源的协调发展。

工业作为浙江省的主导产业，对碳排放总量的影响最大。在不影响经济效益的前提下调整工业内部结构，有效降低二氧化碳排放量。同时，在研究分行业碳排放强度影响因素时，发现产业规模、劳动力密集程度、技术水平、能源利用效率等因素对碳排放强度有着不同程度的影响，尤其是技术水平。因此，工业内部进行结构调整时，要针对不同行业进行具体分析。

重点发展低排放高效益的产业。浙江省应重点发展的行业为电气机械和器材制造业、计算机通信设备制造业，这些行业的经济效益好，能源消耗少，而且属知识、技术密集型行业，有利于促进碳排放的降低。要同时实现经济增长和碳减排两个目标，浙江省应重点发展以这两个行业为代表的技术密集型产业，实现经济的绿色可持续发展。

改造传统行业，引导其绿色发展。纺织业、服装鞋帽业、化学原料及制品制造业、橡胶塑料制品业、金属制品业、通用设备制造业、专用设备制造业、铁路及其他运输设备制造业是浙江省应鼓励发展的行业，特别是纺织业，它作为浙江省经济的发家产业，虽然碳排放量较大，但对经济的贡献度较大，结构优化后，在行业中的占比仍然靠前。若为达到碳减排目标而大规模限制这些行业的发展，势必会对经济造成严重的影响。因此针对这些传统行业，要以创新为引导，采用高新技术加以改造，加大高能耗环节的低碳技术开发，控制碳排放量。同时，政府可以积极培育一些"领头羊"，由其率领浙江省经济又好又快地发展。

限制高能耗、高排放行业的发展。石油加工及炼焦加工业、黑色金属冶炼及压延加工业、有色金属冶炼和压延加工业的碳排放量很高，对环境的污染严重，但对经济的贡献度较小，政府应制定相关产业政策严格控制这些产业的规模和增长速度，同时完善这些产业的低碳环保奖惩制度建设，引导其低碳发展。

浙江省提出大力发展信息、环保、健康、文化、旅游、时尚、金融、高端装备制造八大万亿产业，加快形成以高端制造业和现代服务业为主体的产业结构，这样的产业结构调整与节能减排战略可以说不谋而合，既是产业结构升级的战略需要，也契合了节能减排的客观要求。

2. 推进新型工业化

有效控制并逐步降低第二产业在区域经济中的比重。第二产业部门的带动效应非常强，并且其能源强度也大大高于其他产业。第二产业的快速发展是以大量的能源消耗为基础的，在未来能源供应趋势日益紧张的情况下，这种发展战略的可持续性难以保证。虽然在一定意义上产业结构重型化是工业化过程中不可避免的发展阶段，但可以通过一方面加大节能技术研发及推广力度，另一方面逐步淘汰落后产能、提高生产效率来有效缓解能耗过快增长所带来的压力。

减排的着力点应放在对高耗能、高碳排放的产业管理上：一是依靠科技不断增强自主创新能力，有效发挥先进技术在高耗能、高碳排放的产业节能中的特殊作用，加大节能技术的开发力度；二是制定高耗能产业发展规划、政策，提高节能环保市场准入门槛，严格控制新建高耗能、高污染项目，有效控制高耗能、高污染工业过快增长，鼓励运用高新技术和先进适用技术改造和提升传统产业，促进传统产业结构优化和升级。

减排的潜力点应放在隐含碳排放量高的产业上。降低建筑业等产业的隐含碳排放量，主要是降低其中间投入或增加对高能耗中间投入要素的替代。达到这一目的手段是不断的技术创新：一是在传统主流工艺基础之上优化生产方案，通过优化产品设计和流程设计等来提高资源的利用效率，或通过低能耗要素投入替代高能耗要素投入；二是开展设备技术改造，提高现有设备对材料的利用能力；三是通过技术革新和发明，实现物质回收和资源的循环利用，进而使得物质的利用、能源利用和生态效率都能够达到最优化，实现资源多层循环利用。

3. 大力发展第三产业

减排的突破口应放在大力发展服务业上。将发展服务业作为节能减排工作的突破口来抓，提高服务业在地区生产总值中的比重，尤其是要大力发展能源消耗低、增加值率较高的金融保险、旅游、咨询、中介服务、信息服务和现代物流业等现代服务业，从而相对控制对能源消费总量的过度需求，这有利于产业结构朝着低能耗、低碳排放的方向发展。提高服务业在产业结构中的比重，从而以更低的能源消耗来支撑经济增长。但也应该注意到，个别服务业部门，尤其是生产性服务业，其完排系数较大，因此，对这些部门也需要制定相关的节能政策，以避免节能盲点出现。

4. 实施区域经济一体化和"走出去"战略

发达经济体的发展经验显示，在国内经济达到一定阶段后，产业结构日趋完善，对外直接投资和制造业产业向外转移趋势将加强。对于浙江省来说，某些高耗能、高排放的制造业向外省转移将给浙江省经济发展和产业结构升级带来好处：一是省外发展制造业可以充分利用其土地和劳动力价格的相对优势，以突破省内要素的制约，实现资源的优化配置；二是某些低端制造业的转移可以为省内新产业的发展带来空间，为产业结构优化升级带来契机。浙江省一方面承接着发达国家先进制造业的产业转移，另一方面向省外转移出一些资源密集型产业，省内产业结构将加快提升。随着引进外资和对外投资双向加速发展，浙江省将不仅仅是一个制造业基地，也不仅仅是产业承接地和资本输出地，浙江省的制造业将逐渐成为一个跨区域的概念。对外投资带来的总部经济兴起对省内产业结构及经济社会有优化提升作用。浙江省制造业对中部、西部省份及长三角的投资呈现出典型的总部经济发展趋势，这也有助于浙江省节能减排目标的实现。

8.2.2　居民低碳消费政策

1. 经济、法律和制度：庇古手段和科斯手段相结合

凡勃伦把从显示财富的消费中获得的满足称为第二级效用，人们对第二级效用的不满和追求会刺激他们无穷地追求财富以增加与他人比较的相对经济地位。他认为，从个人消费的角度看，炫耀性消费与其他消费没什么两样，二者都为个人消费者带来效用，但从社会整体的角度看，这种消费就是浪费，因为它不增加人类整体的幸福和满足，应当对炫耀性消费实行规制。

外部不经济内化的方式，大体而言有两大类：庇古手段和科斯手段。前者主要包括政府征收庇古税（碳税），采用直接补偿的方式，将外部性内部化；后者主要是采用市场手段，通过排放权的产权界定和交易，实现帕累托最优。

1）庇古手段：税收制度

居民生活消费后的碳税，在消费环节征收，面向家庭或社区；在生产环节征收，具体税额由企业和消费者分担，实行价外费征收方式。消费者购买商品时不仅能看到商品的价格，同时也看得到付出的税额。因此，价外征收能够向消费者发出强烈的价格信号，向消费者传递一种环境意识，使消费者将环境因素纳入成本收益决策中，让消费者真切体会到消费污染产品及服务，或利用各种环境资源是有价的，必须付出相应的成本。这种信号的刺激是比其他任何宣传教育手段更为有效的环境教育方式。

2）科斯手段：排放权交易

与行政命令型的庇古手段相比，市场工具是实现低碳消费目标的一种更有效率的手段。这是一种"总量控制与交易"（cap and trade）的方法，允许人们通过在其他地点的节约行为来补偿其在另一地的浪费。具体操作手段可以借鉴《京都议定书》，采取排放权交易、联合履约机制、清洁发展机制，以及碳补偿等。

2. 经济和社会相结合：企业社会责任和消费者社会责任

1）企业社会责任

在低碳消费模式的构建中，企业处于十分重要的地位。企业不能一味追求经济效益，不顾社会责任。应大力推广"绿色、健康、节约、适度"的企业文化，引导顾客摒弃炫耀性消费的陋习。树立起企业为顾客着想、重视社会责任的企业形象，能够有效提高顾客的满意度和忠诚度，有利于企业的长期发展。

2）消费者社会责任

消费者社会责任是作为对"消费者主权理论"的反对而提出来的。诺贝尔经济学奖得主哈耶克提出的"消费者主权"理论是市场经济最重要的原则之一。市场经济必须承认"消费者主权理论"以及它的前提——消费自由。个人的消费是自由的，它建立在平等、自愿、自主的基础上。消费者可根据自己的经济状况、个人性格、生活习惯做出选择。然而，消费是在社会中进行的，个人消费的自由又意味着要承担一定的社会责任。因此，消费者社会责任实际上是对"市场失灵"的一种社会补偿。

3）企业社会责任和消费者社会责任的相互促进

研究表明，企业社会责任行为能够提高企业声誉和消费者企业社会责任认知水平。企业履行社会责任后会得到利益相关者的认可，提高了他们心目中的地位，使企业声誉得到提升。企业社会责任行为和企业声誉对提高消费者企业社会责任认知有正向影响。随着消费者各方面的素质都在提高，消费者在消费的过程中也会注意企业社会责任行为和企业声誉，加深对企业社会责任认识，从而提高了消费者企业社会责任认知水平，得到他们的支持，形成良好的口碑。

企业声誉和企业社会责任对消费者社会责任消费行为有正向作用。前文述及，企业社会责任行为对消费者企业社会责任认知水平和企业声誉有正向促进作用，且消费者企业社会责任认知和企业声誉能够推动消费者社会责任消费行为的实施。因此，企业社会责任行为通过企业社会责任认知和企业声誉对消费者社会责任消费行为起间接作用。

3. 低碳消费策略

加快建立生态文明制度，树立生态文明理念，促进生产、流通、消费过程的减量化。生态文明要求人与自然、人与人、人与社会和谐共生、良性循环、全面发展、持续繁荣。推行低碳消费，需要全社会，包括企业、消费者、政府、非政府组织（NGO）、公众等各利益相关者共同行动起来，加强生态文明宣传教育，增强全民节约意识、环保意识、生态意识，形成合理消费的社会风尚，并推进低碳消费行为的干预策略。行为的干预策略可以分为前向策略与回溯策略两种。前向策略旨在通过影响一个或多个行为的前置因素来影响行为，回溯策略旨在通过改变行为之后的结果来影响行为。

1）前向策略

前向策略主要通过干预行为的前定影响因素，进而影响行为本身。当外界实施低碳行为的社会氛围越浓厚或个人对环境变化认知水平越高、低碳消费态度越积极等，则其越容易实施低碳消费行为。

承诺策略：是指要求参与者对履行低碳消费行为做出承诺。由于社会规范要求个体保持承诺与行为的一致性，人们会感到要求内外一致的压力。因此，一旦人们做出承诺，尤其当承诺是面向公众或者自愿的时候，他们就更可能履行目标行为。相比于私下的承诺，面向公众做出的承诺更有效，书面承诺比口头承诺更有效。因此，学校、单位、社区、NGO 等组织可以在"世界环境日""地球日"等发起大规模"我承诺"活动，号召人们承诺低碳消费。

信息策略：信息策略旨在通过改变人们对环境问题的知识、动机、态度和社会规范来影响他们的行为决策。根据信息传播的方式，可以将信息策略分为，大众媒体活动、提示策略、示范策略和教育策略。

大众媒体活动：大众媒体广告利用电视、广播、报纸等大众媒体为消费者传递低碳消费信息，鼓励消费者参与到低碳消费中来。但是，研究表明大众媒体活动的效果并不明显。

提示策略：限于传播经费的限制，大众媒体所传递的信息往往过于笼统，很难传递具体的操作性知识，而且与人们的具体生活情境有距离感。提示策略通过书面或者口头的信息告知何为理想的目标行为，从而能够有效弥补大众媒体的不足，促进人们的低碳消费行为。

示范策略：示范策略通过向目标观众展示理想的低碳消费行为，传递他人相关行为的信息，增加消费者的相关知识，影响消费者的社会规范感知，最终达到促进低碳消费的目的。

教育策略：消费者教育。消费者教育（consumer education）理论正是随着科学技术发展和社会进步而出现的。消费者教育的研究主要集中在消费者教育的理论内容、实施主体、实施途径及效果评价等方面，包括：培养消费者正确的消费观和合理的消费方式；帮助消费者掌握必要的消费知识；培养消费者形成必要的消费技术等。消费者教育主要通过教育机构、企业和家庭、政府等主体来实施。大多数学者认为，消费者教育对消费者、企业和社会都存在显著正效应，提升消费者的效用，也是企业的重要营销手段。

政府部门、企业、社会组织或团体、社区、学校乃至家庭之间应开展广泛的社会协调与合作，在履行各自职责、完成各自使命以及体现各自功能的过程中，融入低碳文化和低碳教育的理念，使关注自然、人文、人性、人格、生活等与低碳消费相关的环境伦理观念及教育目标充分体现在人文化、科学化、规范化和诚信化的社会生产及生活实践中。

把环境伦理教育内容纳入学校的学习领域，并渗透到不同的学科中；或借助多学科交叉途径帮助学生培养良好的环境态度、感知和行为等。"低碳伦理教育"始于学校，它应当是系统而规范的教育；"低碳伦理教育"应为终生教育，成年人应当获得各种方式的教育培训机会。社会方面，消费者权益保护协会牵头，促成社区、企业、协会、学校开展工作，建立消费教育学校。各种公益组织等机构进行组织宣传，普及低碳消费行为的相关知识，让人们了解哪些行为属于低碳消费行为，如何做才是科学的消费行为。

2）回溯策略

回溯策略基于正面或者负面的行为结果来影响行为。当环境保护行为得到正面的结果（如金钱奖励）时，行为就会得到强化；但是当低碳消费行为的结果为负面时，行为的吸引力就会变小。因此，可以通过适当的行为反馈、奖励与群体压力等策略促进低碳消费行为的实施。

反馈：反馈干预策略是指为消费者提供有关行为结果的信息。反馈通过三个功能影响消费者行为。第一，反馈具有学习的功能，消费者可以从反馈中学习行为的结果，减少不确定性。第二，反馈有助于习惯的形成，当低碳消费行为被不断刺激和加强时，撤销反馈，行为也会继续贯彻。反馈的第三个功能是使行为内化，也就是说通过从行为结果获得反馈，反过来环境保护行为会促使消费者形成积极的环保态度。学者们发现最简单的反馈也会对消费者的行为产生有利的影响。

奖励：奖励策略是环境干预策略中的重要部分。物质的刺激能够迅速改变人们的行为。奖励能够很快刺激行为的改变，但是一旦取消奖励，人们的相应行为就会迅速消失，甚至下降到比刺激前还低的水平。奖励对促进低碳消费行为起到了积极的作用，但是奖励的效果却是短暂的，并且会随着奖励的取消而迅速消失甚至下降。

群体压力：有研究发现，整个社会的生态文明理念、资源节约意识在达到某一临界点后，扩散速度会加快，其原因据分析主要有群体压力、社会认同、自我预言与社会信任等。

居民在谈及身边朋友或亲友的低碳消费行为时，大都认为身边亲属朋友的习惯会影响他们的行为习惯，但数据分析显示，群体压力对低碳消费态度和低碳消费行为的关系并不具备直接调节作用。消费者感知到的群体压力需要经过增强环保意识的中间环节才能对低碳消费行为产生影响，群体压力对低碳消费态度的影响是显著的，但群体压力和低碳消费行为的关系需要进行进一步的验证。因此，一旦某一群体中的大部分个体形成良好的低碳消费态度，群体压力就会对群体的低碳消费行为产生显著的影响。

基于这一点，在推广低碳消费时，可以采用整群突破的策略，选择某些重点群体，如学生、大型企业、机关事业单位、社会团体等，利用群体压力逐步推动低碳消费模式。

自我预言：Merton（1948）提出的自我实现预言是指当人们定义一个"错误"情境后，他们会对此作出行动反应，最终使得"错误"情境成为真实，在此过程中，人们会故意忽略与自己预言不一致的信息或威胁，朝着原定预言继续奋斗。因此，消费者要对自己的努力和气候变化抱有乐观态度，树立减缓气候变化的远大目标，发挥自我增强机制，相信通过自身以及全人类的共同努力，能够实现低碳目标。

参 考 文 献

敖长林, 袁伟, 王锦茜, 等. 2019. 零支付对条件价值法评估结果的影响——以三江平原湿地生态保护价值为例 [J]. 干旱区资源与环境, 33 (8): 42-48.

包战雄, 袁书琪, 陈光水. 2012. 不同游客吸引半径景区国内旅游交通碳排放特征比较 [J]. 地理科学, 32 (10): 1168-1175.

曹俊文. 2011. 江西省产业部门碳排放特征及减排途径—基于 1992-2007 年投入产出分析 [J]. 经济地理, 31 (12): 2112-2115.

曹翔, 高瑀. 2021. 低碳城市试点政策推动了城市居民绿色生活方式形成吗? [J]. 中国人口·资源与环境, 31 (12): 93-103.

曹小曙, 杨文越, 黄晓燕. 2015. 基于智慧交通的可达性与交通出行碳排放——理论与实证 [J]. 地理科学进展, 34 (4): 418-429.

常跟应, 黄夫朋, 李曼, 等. 2012. 中国公众对全球气候变化认知与支持减缓气候变化政策研究——基于全球调查数据和与美国比较视角 [J]. 地理科学, 32 (12): 1481-1487.

陈慧敏. 2013 城市居民低碳消费行为及其影响因素研究 [D]. 无锡: 江南大学.

陈凯, 李华晶. 2012. 低碳消费行为影响因素及干预策略分析 [J]. 中国科技论坛, 4 (9): 42-47.

陈琳, 欧阳志云, 王效科, 等. 2006. 条件价值评估法在非市场价值评估中的应用 [J]. 生态学报, (2): 610-619.

陈琳. 2013. 中国能源消费碳排放变化的影响因素分析——基于投入产出模型 [J]. 中外能源, 18 (1): 17-22.

陈绍军, 李如春, 马永斌. 2015. 意愿与行为的悖离: 城市居民生活垃圾分类机制研究 [J]. 中国人口·资源与环境, 25 (9): 168-176.

陈锡康. 1981. 完全综合能耗分析 [J]. 系统科学与数学, (1): 69-76.

陈晓红, 徐戈, 冯项楠, 等. 2016. 公众对于"两型社会"建设的态度—意愿—行为分析 [J]. 管理世界, (12): 90-101.

崔盼盼, 赵媛, 张丽君, 等. 2020. 基于不同需求层次的中国城镇居民消费隐含碳排放时空演变机制 [J]. 生态学报, 40 (4): 1424-1435.

崔维军, 杜宁, 李宗锴, 等. 2015. 气候变化认知、社会责任感与公众减排行为——基于 CGSS 2010 数据的实证分析 [J]. 软科学, 29 (10): 39-43.

丁凡琳, 陆军, 赵文杰. 2019. 城市居民生活能耗碳排放测算及空间相关性研究——基于287个地级市的数据 [J]. 经济问题探索, (5): 40-49.

董会娟, 耿涌. 2012. 基于投入产出分析的北京市居民消费碳足迹研究 [J]. 资源科学, (3): 494-501.

董雪旺. 2011. 基于投入产出分析的区域旅游业碳足迹测度研究——以浙江省为例 [D]. 南京: 南京大学.

董雪旺. 2013. 国内外碳足迹研究进展述评 [J]. 浙江工商大学学报, (2): 67-75.

董雪旺, 张捷, 刘传华, 等. 2011. 条件价值法中的偏差分析及信度和效度检验——以九寨沟游憩价值评估为例 [J]. 地理学报, 66 (2): 267-278.

董雪旺, 成升魁. 2015. 基于旅游消费技术的世界遗产地旅游体验满意度研究 [J]. 资源科学, 37 (8): 1578-1587.

董雪旺, 张捷, 章锦河, 等. 2016. 区域旅游业碳排放和旅游消费碳足迹研究述评 [J]. 生态学报, 36 (2): 554-568.

樊杰, 李平星, 梁育填. 2010. 个人终端消费导向的碳足迹研究框架——支撑我国环境外交的碳排放研究新思路 [J]. 地球科学进展, 25 (1): 61-68.

范玲, 汪东. 2014. 我国居民间接能源消费碳排放的测算及分解分析 [J]. 生态经济, 30 (7): 28-32.

范紫娟, 敖长林, 毛碧琦, 等. 2017. 基于陈述性偏好法的三江平原湿地生态保护价值比较 [J]. 应用生态学报, 28 (2): 500-508.

方杰, 张敏强. 2012. 中介效应的点估计和区间估计: 乘积分布法、非参数 Bootstrap 和 MCMC 法 [J]. 心理学报, 44 (10): 1408-1420.

房斌, 关大博, 廖华等. 2011. 中国能源消费驱动因素的实证研究: 基于投入产出的结构分解分析 [J]. 数学的实践与认识, 41 (2): 67-77.

丰霞, 智瑞芝, 董雪旺. 2018. 浙江省居民消费间接碳足迹测算及影响因素研究 [J]. 生态经济, 34 (3): 23-30.

付云鹏, 马树才, 宋宝燕. 2016. 中国城乡居民消费碳排放差异及影响因素——基于面板数据的实证分析 [J]. 经济问题探索, (10): 43-50.

傅京燕, 李存龙. 2015. 中国居民消费的间接用能碳排放测算及驱动因素研究——基于 STIRPAT 模型的面板数据分析 [J]. 消费经济, (2): 92-97.

管婧婧, 董雪旺, 鲍碧丽. 2018. 非惯常环境及其对旅游者行为影响的逻辑梳理 [J]. 旅游学刊, 33 (4): 1-10.

郭清卉, 李昊, 李世平, 等. 2019. 个人规范对农户亲环境行为的影响分析——基于拓展的规范激活理论框架 [J]. 长江流域资源与环境, 28 (5): 1176-1184.

郭文, 孙涛. 2017. 人口结构变动对中国能源消费碳排放的影响——基于城镇化和居民消费视角 [J]. 数理统计与管理, 36 (2): 295-312.

郝苏霞 . 2010. 能源实物价值型投入产出表编制方法 [J]. 中国市场, (35): 56-57.

贺爱忠, 盖延涛, 李韬武 . 2011a. 农村居民低碳消费行为影响因素的实证研究 [J]. 安全与环境学报, 11 (5): 138-143.

贺爱忠, 李韬武, 盖延涛 . 2011b. 城市居民低碳利益关注和低碳责任意识对低碳消费的影响——基于多群组结构方程模型的东、中、西部差异分析 [J]. 中国软科学, 4 (8): 185-192.

胡晓雅 . 2016. 浙江省城镇化水平与生态环境质量的关系研究 [D]. 杭州: 浙江财经大学.

黄苏萍, 潘阳, 陈立平 . 2016. 低碳消费行为研究述评 [J]. 学海, (3): 174-182.

黄玉菲, 赵璟 . 2012. 丽江市旅游产业游客碳足迹分析评价 [J]. 中国林业经济, 1: 13-16.

蒋琳莉, 张俊飚, 何可, 等 . 2014. 农业生产性废弃物资源处理方式及其影响因素分析——来自湖北省的调查数据 [J]. 资源科学, 36 (9): 1925-1932.

雷明 . 2001. 中国资源–能源–经济–环境综合投入产出表及绿色税费核算分析 [J]. 东南学术, (4): 64-74.

李伯华, 刘云鹏, 窦银娣 . 2012. 旅游风景区旅游交通系统碳足迹评估及影响因素分析——以南岳衡山为例 [J]. 资源科学, 34 (5): 956-963.

李诚 . 2010. 我国部门间能源消耗与污染气体排放的估算 [J]. 山西财经大学学报, 32 (7): 46-54.

李鹏, 黄继华, 莫延芬, 等 . 2010. 昆明市四星级酒店住宿产品碳足迹计算与分析 [J]. 旅游学刊, 25 (3): 27-34.

李婷, 王秀芝 . 2006. 从可替代能源看天然气价格 [J]. 石油化工技术经济, (6): 10-13.

李雪慧, 李智, 王正新 . 2019. 中国征收碳税的福利效应分析——基于 2013 年中国家庭收入调查数据的研究 [J]. 城市与环境研究, (4): 63-79.

李炎炎, 叶萌绿 . 2014. 低碳消费视阈下城市居民消费行为影响因素实证分析 [J]. 经济研究导刊, 4 (16): 226-230.

李治国, 王杰 . 2021. 中国碳排放权交易的空间减排效应: 准自然实验与政策溢出 [J]. 中国人口·资源与环境, 31 (1): 26-36.

梁进社, 郑蔚, 蔡建明 . 2007. 中国能源消费增长的分解——基于投入产出方法 [J]. 自然资源学报, 22 (6): 853-864.

梁萍, 张茵, 王龙娟, 等 . 2016. ZTCM 和 CVM 在自然资源游憩价值评估中的结合应用——以青海湖景区为例 [J]. 资源开发与市场, 32 (3): 263-266.

刘海凤, 郭秀锐, 毛显强, 等 . 2011. 应用 CVM 方法估算城市居民对低碳电力的支付意愿 [J]. 中国人口·资源与环境, 21 (S2): 313-316.

刘鹤, 范莉莉 . 2018. 碳标签产品 "溢价" 支付意愿及其影响因素研究 [J]. 价格理论与实践, (5): 123-126.

刘莉娜, 曲建升, 黄雨生, 等 . 2016. 中国居民生活碳排放的区域差异及影响因素分析 [J].

自然资源学报, 31 (8)：1364-1377.

刘起运 . 2002. 关于投入产出系数结构分析方法的研究 [J]. 统计研究, (2)：40-42.

刘亚萍, 赫雪姣, 金建湘, 等 . 2014. 基于二分式诱导技术的 WTP 值测算与偏差分析——以广
　　西北部湾经济区滨海生态环境保护为例 [J]. 资源科学, 36 (1)：156-165.

刘晔, 刘丹, 张林秀 . 2016. 中国省域城镇居民碳排放驱动因素分析 [J]. 地理科学,
　　36 (5)：691-696.

柳君波, 徐向阳, 李思雯 . 2022. 中国电力行业的全周期碳足迹 [J]. 中国人口·资源与环
　　境, 32 (1)：31-41.

陆莹莹, 赵旭 . 2009. 基于 TPB 理论的居民废旧家电及电子产品回收行为研究：以上海为
　　例 [J]. 管理评论, 21 (8)：85-94.

吕品, 郑莉锋, 胡剑锋 . 2012. 出口规模、结构调整与碳排放增长——基于浙江省投入产出表
　　分析 [J]. 浙江理工大学学报, 29 (4)：620-625.

吕荣胜, 卢会宁, 洪帅 . 2016. 基于规范激活理论节能行为影响因素研究 [J]. 干旱区资源与
　　环境, 30 (9)：14-18.

罗丞 . 2010. 消费者对安全食品支付意愿的影响因素分析——基于计划行为理论框架 [J]. 中
　　国农村观察, (6)：22-34.

马江 . 2017. 四川居民消费碳排放量初步测算 [J]. 低碳世界, (8)：14-15.

马静, 柴彦威, 刘志林 . 2011. 基于居民出行行为的北京市交通碳排放影响机理 [J]. 地理学
　　报, 66 (8)：1023-1032.

马晓微, 杜佳, 叶奕, 等 . 2015. 中美居民消费直接碳排放核算及比较 [J]. 北京理工大学学
　　报 (社会科学版), (4)：34-40.

马歆, 李俊朋, 邢莉 . 2021. 基于 NAM 的大学生食物浪费行为影响因素研究 [J]. 干旱区资
　　源与环境, 35 (11)：25-30.

马振涛, 胡建国 . 2015. 低碳消费政策分析框架与消费行为——珠海市的实证研究 [J]. 生态
　　经济, 31 (9)：76-79.

孟艾红 . 2011. 城市居民低碳消费行为影响因素的实证分析 [J]. 中国城市经济, (23)：75-
　　78, 80.

芈凌云, 顾曼, 杨洁, 等 . 2016. 城市居民能源消费行为低碳化的心理动因——以江苏省徐州
　　市为例 [J]. 资源科学, 38 (4)：609-621.

聂鑫蕊, 刘晶茹, 杨建新, 等 . 2014. 中国各省区城乡居民消费碳足迹格局研究 [J]. 中国科
　　学院大学学报, (4)：477-483.

牛宝春, 崔光莲, 张喜玲 . 2022. 科技创新对低碳经济的影响研究——基于省际面板数据的实
　　证分析 [J]. 技术经济与管理研究, (1)：43-48.

潘丽丽, 王晓宇 . 2018. 基于主观心理视角的游客环境行为意愿影响因素研究——以西溪国家
　　湿地公园为例 [J]. 地理科学, 38 (8)：1337-1345.

彭雷清，廖友亮，刘吉．2016. 环境态度和低碳消费态度对低碳消费意向的影响——基于生态
　　价值观的调节机制［J］. 生态经济，32（9）：64-67，81.

齐绍洲，柳典，李锴，等．2019. 公众愿意为碳排放付费吗？——基于"碳中和"支付意愿影
　　响因素的研究［J］. 中国人口·资源与环境，29（10）：124-134.

齐志新，陈文颖，吴宗鑫．2007. 工业轻重结构变化对能源消费的影响［J］. 中国工业经济，
　　（2）：8-14.

祁悦，谢高地，盖力强，等．2010. 基于表观消费量法的中国碳足迹估算［J］. 资源科学，
　　32（11）：2053-2058.

钱维宏．2010. 自然气候变化中的社会与环境问题［C］. 北京论坛（2010）文明的和谐与共
　　同繁荣——为了我们共同的家园：责任与行动："全球环境问题：政策与行动"环境分论坛
　　论文或摘要集：14-22.

秦昌才，黄泽湘．2012. 碳排放责任模式的理论与实践［J］. 财经科学，（7）：118-124.

秦昌才，刘树林．2013. 基于投入产出分析的中国产业完全碳排放研究［J］. 统计与信息论
　　坛，28（9）：32-38.

曲英．2011. 城市居民生活垃圾源头分类行为的影响因素研究［J］. 数理统计与管理，
　　30（1）：42-51.

曲英，朱庆华．2010. 情境因素对城市居民生活垃圾源头分类行为的影响研究［J］. 管理评
　　论，22（9）：121-128

任力，张越．2012. 低碳消费行为影响因素实证研究［J］. 发展研究，（3）：99-105.

任小波，曲建升，张志强．2007. 气候变化影响及其适应的经济学评估——英国"斯特恩报
　　告"关键内容解读［J］. 地球科学进展，22（7）：754-759.

邵慧婷，罗佳凤，费喜敏．2019. 公众气候变化认知对环保支付意愿及减排行为的影响［J］.
　　浙江农林大学学报，36（5）：1012-1018.

申嫦娥，田悦，魏荣桓，等．2016. 财税政策对居民低碳消费行为的影响——基于北京市居民
　　抽样问卷调查的实证研究［J］. 税务研究，（2）：98-104.

沈利生．2010. 重新审视传统的影响力系数公式——评影响力系数公式的两个缺陷［J］. 数量
　　经济技术经济研究，（2）：133-141.

沈满洪，吴文博，魏楚．2011. 近二十年低碳经济研究进展及未来趋势［J］. 浙江大学学报
　　（人文社会科学版），41（3）：28-39.

石洪景．2015. 城市居民低碳消费行为及影响因素研究——以福建省福州市为例［J］. 资源科
　　学，37（2）：308-317.

石洪景．2018. 基于"意愿—行为"缺口修复视角的低碳消费促进策略［J］. 资源开发与市
　　场，34（9）：1304-1309.

石培华，吴普．2011. 中国旅游业能源消耗与 CO_2 排放量的初步估算［J］. 地理学报，
　　66（2）：235-243.

史安娜, 李淼. 2011. 基于 LMDI 的南京市工业经济能源消费碳排放实证分析 [J]. 资源科学, (10): 1890-1896.

史亚东. 2012. 各国二氧化碳排放责任的实证分析 [J]. 统计研究, 29 (7): 61-67.

帅传敏, 张钰坤. 2013. 中国消费者低碳产品支付意愿的差异分析——基于碳标签的情景实验数据 [J]. 中国软科学, (7): 61-70.

宋辉, 刘新建. 2012. 我国能源消耗强度的发展趋势及影响因素分析 [J]. 调研世界, (11): 42-47.

宋杰鲲. 2012. 基于 LMDI 的山东省能源消费碳排放因素分解 [J]. 资源科学, (1): 35-41.

孙建卫, 陈志刚, 赵荣钦, 等. 2010. 基于投入产出分析的中国碳排放足迹研究 [J]. 中国人口·资源与环境, 20 (5): 28-34.

孙敏, 杨红娟, 刘海洋. 2016. 少数民族农户生活消费间接碳排放影响因素研究 [J]. 经济问题探索, (5): 51-58.

孙岩, 武春友. 2007. 环境行为理论研究评述 [J]. 科研管理, (3): 108-113, 77.

谭华云, 许春晓, 董雪旺. 2018. 旅游业碳排放效率地区差异分解与影响因素探究 [J]. 统计与决策, 34 (16): 51-55.

陶玉国, 张红霞. 2011. 江苏旅游能耗和碳排放估算研究 [J]. 南京社会科学, (8): 151-156.

滕玉华, 刘长进, 陈燕等. 2017. 基于结构方程模型的农户清洁能源应用行为决策研究 [J]. 中国人口·资源与环境, 27 (9): 186-195.

万文玉, 赵雪雁, 王伟军. 2016. 中国城市居民生活能源碳排放的时空格局及影响因素分析 [J]. 环境科学学报, 36 (9): 3445-3455.

万欣, 王贺, 王如冰, 等. 2020. 垃圾焚烧发电项目中公众参与意愿影响因素研究——基于 TPB 和 NAM 的整合模型 [J]. 干旱区资源与环境, 34 (10): 58-63.

汪兴东, 景奉杰. 2012. 城市居民低碳购买行为模型研究——基于五个城市的调研数据 [J]. 中国人口·资源与环境, 22 (2): 47-55.

汪臻, 汝醒君. 2015. 基于指数分解的居民生活用能碳排放影响因素研究 [J]. 生态经济, 31 (4): 51-55.

王丹丹. 2013. 消费者绿色购买行为影响机理实证研究 [J]. 统计与决策, 4 (9): 116-118.

王国猛, 黎建新, 廖水香. 2010. 个人价值观、环境态度与消费者绿色购买行为关系的实证研究 [J]. 软科学, 24 (4): 135-140.

王海建. 1999. 经济结构变动与能源需求的投入产出分析 [J]. 统计研究, (6): 30-34.

王会娟, 陈锡康, 杨翠红. 2010. 三种能源投入产出模型的分析与比较 [J]. 系统工程理论与实践, 30 (6): 987-992.

王建明. 2007. 消费者为什么选择循环行为——城市消费者循环行为影响因素的实证研究 [J]. 中国工业经济, (10): 95-102.

王建明. 2015. 环境情感的维度结构及其对消费碳减排行为的影响——情感—行为的双因素理

论假说及其验证 [J]. 管理世界, (12): 82-95.

王建明, 贺爱忠. 2011. 消费者低碳消费行为的心理归因和政策干预路径: 一个基于扎根理论的探索性研究 [J]. 南开管理评论, 14 (4): 80-89, 99.

王建明, 王俊豪. 2011. 公众低碳消费模式的影响因素模型与政府管制政策——基于扎根理论的一个探索性研究 [J]. 管理世界, (4): 58-68.

王京京. 2015. 环境价值观对绿色消费行为的影响及作用机理研究 [D]. 哈尔滨: 哈尔滨工业大学.

王立国, 廖为明, 黄敏, 等. 2011. 基于终端消费的旅游碳足迹测算——以江西省为例 [J]. 生态经济, (5): 121-168.

王丽丽, 张晓杰. 2017. 城市居民参与环境治理行为的影响因素分析——基于计划行为和规范激活理论 [J]. 湖南农业大学学报 (社会科学版), 18 (6): 92-98.

王秀村, 吕平平, 周晋. 2012. 低碳消费行为影响因素与作用路径的实证研究 [J]. 中国人口·资源与环境, 22 (S2): 50-56.

王雪松, 任胜钢, 袁宝龙, 等. 2016. 城镇化、城乡消费比例和结构对居民消费间接 CO_2 排放的影响 [J]. 经济理论与经济管理, (8): 79-88.

王钟秀, 董文杰. 2016. 中国公众对气候变化的认知 [J]. 北京师范大学学报 (自然科学版), 52 (6): 714-721.

韦庆旺, 孙健敏. 2013. 对环保行为的心理学解读——规范焦点理论述评 [J]. 心理科学进展, 21 (4): 751-760.

魏丽娟. 2011. 低碳经济导向下产业结构调整分析——以浙江省为例 [D]. 杭州: 浙江工商大学.

魏一鸣. 2007. "十一五" 期间我国能源需求及节能潜力预测 [J]. 中国科学院院刊, (1): 7-11.

温忠麟, 叶宝娟. 2014. 中介效应分析: 方法和模型发展 [J]. 心理科学进展, 22 (5): 731-745.

温忠麟, 张雷, 侯杰泰, 等. 2004. 中介效应检验程序及其应用 [J]. 心理学报, (5): 614-620.

问锦尚, 张越, 方向明. 2019. 城市居民生活垃圾分类行为研究——基于全国五省的调查分析 [J]. 干旱区资源与环境, 33 (7): 24-30.

乌力吉图. 2012. 中国产业能源消费: 结构、变化及效率分析——基于 2002-2007 年可比价投入产出表 [J]. 工业技术经济, (10): 54-61.

吴力波, 周阳, 徐呈隽. 2018. 上海市居民绿色电力支付意愿研究 [J]. 中国人口·资源与环境, 28 (2): 86-93.

武盈盈. 2008. 国内外天然气价格水平比较分析 [J]. 国际石油经济, (10): 60-65, 82.

夏炎, 吴洁. 2018. 中国碳生产率减排目标分配机制研究——基于不同环境责任界定视角 [J]. 管理评论, 30 (5): 137-147.

肖皓，朱俏．2015．影响力系数与感应度系数的评价与改进——考虑增加值和节能减排效果 [J]．管理评论，27（3）：57-66．

谢园方，赵媛．2012．长三角地区旅游业能源消耗的 CO_2 排放测度研究 [J]．地理研究，31（3）：429-438．

熊娜，宋洪玲，崔海涛．2021．产业协同融合与碳排放结构变化——东盟一体化经验证据 [J]．中国软科学，（6）：175-182．

徐大丰．2011．碳生产率、产业关联与低碳经济结构调整——基于我国投入产出表的实证分析 [J]．软科学，25（3）：42-56．

徐大丰．2012．碳生产率的差异与低碳经济结构调整——基于沪陕投入产出表的比较研究．（11）：55-64．

徐国伟．2010．低碳消费行为研究综述 [J]．北京师范大学学报（社会科学版），4（5）：135-140．

徐林，凌卯亮，卢昱杰．2017．城市居民垃圾分类的影响因素研究 [J]．公共管理学报，14（1）：142-153，160．

徐新扩，韩立岩．2017．消费模式如何影响家庭碳排放？——来自中国城市家庭的微观证据 [J]．东南学术，（3）：154-163，248．

徐盈之，邹芳．2010．基于投入产出分析法的我国各产业部门碳减排责任研究 [J]．产业经济研究，（5）：27-35．

严春晓，宋辉，张润清．2018．新常态下能源–环境治理投入产出模型的构建与应用探索 [J]．管理评论，30（5）：84-94．

杨灿．2005．产业关联测度方法及其应用问题探析 [J]．统计研究，（9）：72-75．

杨昆，王永胜，刘翠玲，等．2017．我国居民消费对环境的影响 [J]．中国环境管理，9（2）：68-72．

姚亮，刘晶茹，王如松，等．2013．基于多区域投入产出（MRIO）的中国区域居民消费碳足迹分析 [J]．环境科学学报，（7）：2052-2056．

余晓泓，徐苗．2017．消费者责任视角下中国产业部门对外贸易碳排放责任研究 [J]．产经评论，8（1）：18-30．

袁路，潘家华．2013．Kaya 恒等式的碳排放驱动因素分解及其政策含义的局限性 [J]．气候变化研究进展，（3）：210-215．

曾海鹰，岳欢．2022．产业结构、对外贸易与碳排放——基于长三角地区 41 个地级市的实证分析 [J]．工业技术经济，41（1）：71-77．

曾贤刚．2011．我国城镇居民对 CO_2 减排的支付意愿调查研究 [J]．中国环境科学，31（2）：346-352．

张枫怡，杨晓霞，向旭，等．2019．基于单边界二分式条件价值法的洞穴旅游资源非使用价值评估——以重庆芙蓉洞为例 [J]．中国岩溶，38（1）：130-138．

张露, 郭晴. 2015. 碳标签对低碳农产品消费行为的影响机制——基于结构方程模型与中介效应分析的实证研究 [J]. 系统工程, 33 (11): 66-74.

张琦峰, 方恺, 徐明等. 2018. 基于投入产出分析的碳足迹研究进展 [J]. 自然资源学报, 33 (4): 696-708.

张亭亭. 2013. 中国居民生活消费的碳排放影响因素分解及实证分析 [D]. 天津: 天津财经大学.

张贤, 郭偲悦, 孔慧, 等. 2021. 碳中和愿景的科技需求与技术路径 [J]. 中国环境管理, 13 (1): 65-70.

张晓杰, 靳慧蓉, 娄成武. 2016. 规范激活理论: 公众环保行为的有效预测模型 [J]. 东北大学学报 (社会科学版), 18 (6): 610-615.

张炎治, 聂锐, 吕涛. 2007. 九块式能源投入产出模型与能源需求量预测 [J]. 科技导报, 25 (5): 25-29.

张炎治, 聂锐, 冯颖. 2010. 基于投入产出非线性模型的能源强度情景优化 [J]. 自然资源学报, 25 (8): 1267-1273.

张琰, 崔枫, 吴霜霜, 等. 2017. 航空旅行者碳补偿支付意愿影响因素研究——基于计划行为理论与规范激活理论的综合研究框架 [J]. 干旱区资源与环境, 31 (11): 9-14.

张艳芳, 张宏运. 2016. 陕西省居民消费碳排放测算与分析 [J]. 陕西师范大学学报 (自然科学版), (2): 98-105.

张翼飞, 赵敏. 2007. 意愿价值法评估生态服务价值的有效性与可靠性及实例设计研究 [J]. 地球科学进展, (11): 1141-1149.

张翼飞, 张蕾, 周军. 2012. 河流生态恢复意愿调查居民支付与否的经济学分析——基于上海城市河流 2010 年和 2006 年数据的比较 [J]. 西北人口, 33 (1): 41-45.

张茵, 蔡运龙. 2010. 用条件估值法评估九寨沟的游憩价值——CVM 方法的校正与比较 [J]. 经济地理, 30 (7): 1205-1211.

章锦河, 张捷, 王群. 2008. 旅游地生态安全测度分析——以九寨沟自然保护区为例 [J], 27 (2): 449-458.

赵黎明, 张海波, 孙健慧. 2015. 公众酒店低碳消费行为影响因素分析——基于天津市酒店顾客的调查数据 [J]. 干旱区资源与环境, 29 (4): 53-58.

赵荣钦, 黄贤金. 2010. 基于能源消费的江苏省土地利用碳排放与碳足迹 [J]. 地理研究, 29 (9): 1639-1649.

中国投入产出学会课题组. 2007. 我国能源部门产业关联分析——2002 年投入产出表系列分析报告之六 [J]. 统计研究, 24 (5): 3-6.

周玲强, 李秋成, 朱琳. 2014. 行为效能、人地情感与旅游者环境负责行为意愿: 一个基于计划行为理论的改进模型 [J]. 浙江大学学报 (人文社会科学版), 44 (2): 88-98.

周艳菊, 薛雨婷, 徐选华. 2016. 考虑同群效应的消费者低碳支付意愿研究 [J]. 中南大学学报 (社会科学版), 22 (2): 99-106.

朱勤, 魏涛远. 2013. 居民消费视角下人口城镇化对碳排放的影响 [J]. 中国人口·资源与环境, 23 (11): 21-29.

Ajzen I, CzaschC, Flood M G. 2009. From intentions to behavior: Implementation intention, commitment, and conscientiousness [J]. Journal of Applied Social Psychology, 39 (6): 1356-1372.

Ajzen I. 1991. The theory decision of Planned Behavior. Organizational behavior and human processes [J]. 50 (2): 179-211.

Akter S, Brouwer R, Brander L, et al. . 2009. Respondent uncertainty in a contingent market for carbon offsets [J]. Ecological Economics, 68 (6): 1858-1863.

Anable J, Lane B, Kelay T. 2006. An Evidence Base Review of Public Attitudes to Climate Change and Transport [R]. London: The Department for Transport.

Ang B W, Liu F L. 2001. A new energy decomposition method: Perfect in decomposition and consistent in aggregation [J]. Energy, 26 (6): 537-548.

Ang B W. 2004. Decomposition analysis for policy making in energy: Which is the preferred method? [J]. Energy Policy, 32 (9): 1131-1139.

Bagozzi R P, Dholakia U M, Mookerjee A. 2006. Individual and group bases of social influence in on-lineenvironments [J]. Media Psychology, 8 (2): 95-126.

Bamberg S, Ajzen I, Schmidt P. 2003. Choice of travel mode in the theory of planned behavior: The roles of past behavior, habit, and reasonedaction [J]. Basic and Applied Social Psychology, 25 (3): 175-187.

Bamberg S, Möser G. 2007. Twenty years after Hines, Hungerford, and Tomera: A new meta-analysis of psycho-social determinants of pro-environmental behaviour [J]. Journal of Environmental Psychology, 27 (1): 14-25.

Bamberg S, Schmidt P. 2003. Incentives, morality, or habit? Predicting students' car use for university routes with the models of Ajzen, Schwartz, and Triandis [J]. Environment and Behavior, 35 (2): 264-285.

Bandura A. 1982. Self- efficacy mechanism in humanagency [J]. American Psychologist, 37 (2): 122.

Bang H K, Ellinger A E, Hadjimarcou J, et al. 2000. Consumer concern, knowledge, belief, and attitude toward renewable energy: An application of the reasoned action theory [J]. Psychology and Marketing, 17 (6): 449-468.

Bastianoni S, Pulselli F M, Tiezzi E. 2004. The problem of allocating responsibility for greenhouse gas emissions [J]. Ecological Economics, 49 (3): 253-257.

Becken S, Patterson M. 2006. Measuring national carbon dioxide emissions from tourism as a key step towards achieving sustainable tourism [J]. Journal of Sustainable Tourism, 14 (4): 323-338.

Benders R M J, Kok R, Moll H C, et al. 2006. New approaches for household energy conservation in search of personal household energy budgets and energy reduction options ［J］. Energy Policy, 34: 3612-3622.

Benton Jr R. 1994. Environmental knowledge and attitudes of undergraduate business students compared to non-businessstudents ［J］. Business and Society, 33 (2): 191-211.

Biesanz J C, Falk C F, Savalei V. 2010. Assessing mediational models: Testing and interval estimation for indirect effects ［J］. Multivariate Behavioral Research, 45 (4): 661-701.

Bin S, Dowlatabadi H. 2005. Consumer lifestyle approach to US energy use and the related CO_2 emissions ［J］. Energy Policy, 33 (2): 197-208.

Boon B H, Schroten A, Kapman B. 2007. Compensation schemes for air transport ［C］//Peeters P. Tourism and Climate Change Mitigation: Methods, Greenhouse Gas Reductions and Policies. Breda: NHTV Academic Studies: 77-90.

Breckler S J. 1984. Empirical validation of affect, behavior, and cognition as distinct components of attitude ［J］. Journal of Personality and Social Psychology, 47 (6): 1191-1205.

Breuil J M. 1992. Input-output analysis and pollutant emissions inFrance ［J］. The Energy Journal, 13 (3): 173-184.

Brown M A, Southworth F, Sarzynski A. 2009. The geography of metropolitan carbonfootprints ［J］. Policy and Society, 27: 285-304.

Browne D, O'Regan B, Moles R. 2009. Use of carbon footprinting to explore alternative household waste policy scenarios in an Irish city- region ［J］. Resources, Conservation and Recycling, 54 (2): 113-122.

BSI, Carbon Trust, DEFRA, et al. 2008. Specification for the assessment of the life cycle greenhouse gas emissions of goods and services ［S/OL］. British Standards Institution: Publicly available specification 2050.

Chan R Y K, Lau L B Y. 2000. Antecedents of green purchases: A survey inChina ［J］. Journal of Consumer Marketing, 17 (4): 338-357.

Chan R Y K. 2001. Determinants of Chinese consumers' green purchasebehavior ［J］. Psychology and Marketing, 18 (4): 389-413.

Cheung G W, Lau R S. 2008. Testing mediation and suppression effects of latent variables: Bootstrapping with structural equation models ［J］. Organizational Research Methods, 11 (2): 296-325.

Choi A S, Ritchie B W. 2014. Willingness to pay for flying carbon neutral in Australia: an exploratory study of offsetter profiles ［J］. Journal of Sustainable Tourism, 22 (8): 1236-1256.

Chu P Y, Chiu J F. 2003. Factors influencing household waste recycling behavior: Test of an integrated model 1 ［J］. Journal of Applied Social Psychology, 33 (3): 604-626.

Conner M, Armitage C J. 1998. Extending the theory of planned behavior: A review and avenues for further research [J]. Journal of Applied Social Psychology, 28 (15): 1429-1464.

Crites S L, Fabrigar L R, Petty R E. 1994. Measuring the affective and cognitive properties of attitudes: conceptual and methodological issues [J]. Personality and Social Psychology Bulletin, 20 (6), 619-634.

Daley B, Preston H. 2009. Aviation and climate change: Assessment of policy options [C] // Gössling S, Upham P. Climate Change and Aviation: Issues, Challenges and Solutions. London: Earthscan.

Davis J L, Le B, Coy A E. 2011. Building a model of commitment to the natural environment to predict ecological behavior and willingness to sacrifice [J]. Journal of Environmental Psychology, 31 (3): 257-265.

de Groot J I M, Steg L. 2009. Morality and prosocial behavior: The role of awareness, responsibility, and norms in the norm activationmodel [J]. The Journal of Social Psychology, 149 (4): 425-449.

Dickinson J E, Robbins D, Lumsdon L. 2010. Holiday travel discourses and climatechange [J]. Journal of Transport Geography, 18: 482-489.

Druckman A, Jackson T. 2009. The carbon footprint of UK households 1990- 2004: A socio-economically disaggregated, quasi-multi-regional input-output model [J]. Ecological Economics, 68: 2066-2077.

Dunlap R, Liere K V, Mertig A, et al. 2000. Measuring endorsement of the new ecological paradigm: A revised NEP scale [J]. Journal of Social Issues, 56 (3): 425-442.

Dwyer L, Forsyth P, Spurr R, et al. 2010. Estimating the carbon footprint of Australian tourism [J]. Journal of Sustainable Tourism, 18 (3): 355-376.

Dwyer W O, Leeming F C, Cobern M K, et al. 1993. Critical review of behavioral interventions to preserve the enviornment [J]. Environment and Behavior, 25 (5): 275 -321.

Ebreo A, Vining J, Cristancho S. 2003. Responsibility for environmental problems and the consequences of waste reduction: A test of the norm-activationmodel [J]. Journal of Environmental Systems, 29 (3): 219-244.

Eder P, Narodoslawsky, M. 1999. What environmental pressures are a region's industries responsible for? Amethod of analysis with descriptive indices and input- output models [J]. Ecological Economics, 29 (3): 359-374.

Eijgelaar E. 2011. Voluntary carbon offsets a solution for reducing tourism emissions? Assessment of communication aspects and mitigation potential [J]. European Journal of Transport and Infrastructure Research, 11 (3): 281-296.

Esfandiar K, Dowling R, Pearce J, et al. 2020. Personal norms and the adoption of pro-environmental binning behaviour in national parks: An integrated structural model approach [J]. Journal of Sustainable Tourism, 28 (1): 10-32.

Ferng J J. 2003. Allocating the responsibility of CO_2 overemissions from the perspectivesof benefit principle and ecological deficit [J]. Ecological Economics, 46 (1): 121-141.

Fraj E, Martinez E. 2007. Ecological consumer behaviour: An empiricalanalysis [J]. International Journal of Consumer Studies, 31 (1): 26-33.

Fritz M S, MacKinnon D P. 2007. Required sample size to detect the mediated effect [J]. Psychological Science, 18 (3): 233-239.

Gatersleben B, Steg L, Vlek C. 2002. Measurement and Determinants of Environmentally Significant ConsumerBehavior [J]. Environment and Behavior, 34 (3): 335-362.

Gärling T, Fujii S, Gärling A, et al. 2003. Moderating effects of social value orientation on determinants of proenvironmental behavior intention [J]. Journal of Environmental Psychology, 23 (1): 1-9.

Gillenwater M, Broekhoff D, Trexler M, et al. 2007. Policing the voluntary carbon market [J]. Nature Reports: Climate Change, (6): 85-87.

Goldblatt D L. 2005. Sustainable Energy Consumption and Society: Personal, Technological, or Social Change? [M] Dordrecht: Springer.

Gollwitzer P M, Bayer U C. 1999. Deliberative Versus Implemental Mindsets in the Control Ofaction [M]. New York: Guilford Press.

Gössling S, Broderick J, Upham P, et al. 2007. Voluntary carbon offsetting schemes for aviation: Efficiency, credibility and sustainable tourism [J]. Journal of Sustainable Tourism, 15 (3): 223-248.

Gössling S, Haglund L, Kallgren H, et al. 2009. Swedish air travellers and voluntary carbon offsets: Towards the co-creation of environmental value? [J]. Current Issues in Tourism, 12 (1): 1-19.

Gössling S, Hall M. 2008. Swedish tourism and climate change mitigation: An emerging conflict? [J]. Scandinavian Journal of Hospitality and Tourism, 8 (2): 141-158.

Guagnano G A, Stern P C, Dietz T. 1995. Influences on attitude-behavior relationships: A natural experiment with curbsiderecycling [J]. Environment and Behavior, 27 (5): 699-718.

Han H. 2014. The norm activation model and theory-broadening: Individuals' decision-making on environmentally-responsible convention attendance [J]. Journal of Environmental Psychology, 40: 462-471.

Han H. 2015. Travelers' pro-environmental behavior in a green lodging context: Convergingvalue-belief-norm theory and the theory of planned behavior [J]. Tourism Management, 47: 164-177.

Hanemann W M, Kanninen B. 1996. The statistical analysis of discrete- response CV data [R]. Berkeley: University of California, Department of Agricultural and Resource Economics.

Hanemann W M. 1984. Welfare evaluations in contingent valuation experiments with discreteresponses [J]. American Journal of Agricultural Economics, 66 (3): 332-341.

Hansla A, GambleA, Juliusson A, et al. 2008a. Psychological determinants of attitude towards and willingness to pay for green electricity [J]. Energy Policy, 36 (2): 768-774.

Hansla A, GambleA, Juliusson A, et al. 2008b. The relationships between awareness of consequences, environmental concern, and value orientations [J]. Journal of Environmental Psychology, 28 (1): 1-9.

Harris E. 2007. The Voluntary Carbon Offsets Market: An Analysis of Market Characteristics and Opportunities for Sustainable Development [R]. London: International Institute for Environment and Development.

Hastuti S H, Hartono D, Putranti T M, et al. 2021. The drivers of energy- related CO_2 emission changes in Indonesia: Structural decompositionanalysis [J]. Environmental Science and Pollution Research, 28 (8): 9965-9978.

Hayes A F, Scharkow M. 2013. The relative trustworthiness of inferential tests of the indirect effect in statistical mediation analysis: Does method really matter? [J]. Psychological Science, 24 (10): 1918-1927.

Hines J M, Hungerford H R, Tomera A N. 1987. Analysis and synthesis of research on responsible environmental behavior: A meta-analysis [J]. The Journal of Environmental Education, 18 (2): 1-8.

Hooper P, Daley B, Preston H, et al. 2008. An Assessment of the Potential of Carbon Offset Schemes to Mitigate the Climate Change Implications of Future Growth of UK Aviation [M]. Manchester: Manchester Metropolitan University.

Intergovernmental Panel on Climate Change (IPCC) . 2007. IPCC 4th Assessment Report: Summary for policymakers [M]. New York: Cambridge University Press.

Intergovernmental Panel on Climate Change (IPCC) . 2014. Climate Change 2014: Mitigation of Climate Change [M] . Cambridge: Cambridge University Press.

Jacobsen G D. 2011. The al gore effect: An inconvenient truth andvoluntary carbon offsets [J]. Journal of Environmental Economics and Management, 61 (1): 67-78.

Jou R C, Chen T Y. 2015. Willingness to pay of air passengers for carbon-offset [J]. Sustainability, 7 (3): 3071-3085.

Kollmuss A, Agyeman J. 2002. Mind the Gap: Why do people act environmentally and what are the barriers to pro-environmental behavior? [J] . Environmental Education Research, 8 (3): 239-60.

Larsen H N, Hertwich E G. 2010. Identifying important characteristics of municipal carbonfootprints [J]. Ecological Economics, (70): 60-66.

Lenzen M, Murray J, Sack F, et al. 2007. Shared producer and consumer responsibility — Theory and practice [J]. Ecological Economics, 61 (1): 27-42.

Li Q, Long R, Chen H. 2018. Differences and influencing factors for Chinese urban resident willingness to pay for green housings: Evidence from five first-tier cities in China [J]. Applied Energy, 229: 299-313.

Li Y M, Zhao R, Liu T S, et al. 2015. Does urbanization lead to more direct and indirect household carbon dioxide emissions? Evidence from China during 1996-2012 [J]. Journal of Cleaner Production, 102 (1): 103-114.

Ling-Yee L. 1997. Effect of collectivist orientation and ecological attitude on actual environmental commitment: The moderating role of consumer demographics and productinvolvement [J]. Journal of International Consumer Marketing, 9 (4): 31-53.

Liu J, Feng T, Yang X. 2011. The energy requirements and carbon dioxide emissions of tourism industry of Western China: A case of Chengducity [J]. Renewable and Sustainable Energy Reviews, 15 (6): 2887-2894.

Lo A Y, Jim C Y. 2015. Protest response and willingness to pay for culturally significant urban trees: Implications for Contingent ValuationMethod [J]. Ecological Economics, 114: 58-66.

Macintosh A, Wallace L. 2009. International aviation emissions to 2025: Can emissions be stabilised without restricting demand? [J]. Energy Policy, (37): 264-273.

Maloney M P, Ward M P, Braucht G N. 1975. A revised scale for the measurement of ecological attitudes and knowledge [J]. American Psychologist, 30 (7): 787-790.

Markaki M, Belegri-Roboli A, Sarafidis Y, et al. 2017. The carbon footprint of Greek households (1995-2012) [J]. Energy Policy, 100: 206-215.

María-Ángeles C V, Gómez S N, Luis-Antoni L S, et al. 2011. Tourism environmental responsibility: The ignored role of investment [J]. Copenhagen: Paper presented at the European Trade Study Group (ETSG) Thirteenth Annual Conference.

Merton R K. 1948. The self-fulfillingprophecy [J]. The Antioch Review, 8 (2): 193-210.

Mignone B K, Hurteau M D, Chen Y et al. 2009. Carbon offsets, reversal risk and US climate policy [J]. Carbon Balance and Management, 15 (4): 3.

Miller R E, Blair P D. 2009. Input-Output Analysis: Foundations and Extensions [M]. Cambridge: Cambridge University Press.

Morris E A, Guerra E. 2015. Mood and mode: Does how we travel affect how we feel? [J]. Transportation, 42 (1): 25-43.

Moura-Costa P, Stuart M D. 1998. Forestry based greenhouse gas mitigation: The story of market evolution [J]. The Commonwealth Forestry Review, 77 (3): 191-202.

Munksgaard J, Pedersen K A. 2001. CO_2 accounts for open economies: Producer or consumer responsibility? [J] . Energy Policy, 29 (4): 327-334.

Nahavandi A, Denhardt R B, Denhardt J V, et al. 2013. Organizational Behavior [M]. Thousand Oaks: Sage Publications.

Nakamura H, Kato T. 2013. Japanese citizens' preferences regarding voluntary carbon offsets: An experimental social survey of Yokohama and Kitakyushu [J]. Environmental Science and Policy, 25: 1-12.

Nandagiri L. 2015. Evaluation of economic value of Pilikula Lake using travel cost and contingent valuation methods [J]. Aquatic Procedia, 4: 1315-1321.

Nielsen S P, Sesartic A, Stucki M. 2009. The greenhouse gas intensity of the tourism sector: The case of Switzerland [J]. Environmental Science and Policy, 13 (2): 131-140.

Nolan J M, Schultz P W, Cialdini R B, et al. 2008. Normative social influence is underdetected [J]. Personality and Social Psychology Bulletin, 34 (7): 913-923.

Nomura N, Akai M. 2004. Willingness to pay for green electricity in Japan as estimated through contingent valuation method [J]. Applied Energy, 78 (4): 453-463.

Ouellette J A, Wood W. 1998. Habit and intention in everyday life: The multiple processes by which past behavior predicts future behavior [J]. Psychological Bulletin, 124 (1): 54-74.

O'Mahony T. 2013. Decomposition of Ireland's carbon emissions from 1990 to 2010: An extended Kaya identity [J]. Energy Policy, 59 (4-5): 573-581.

Pakpour A H, Hidarnia A, Hajizadeh E, et al. 2012. Action and coping planning with regard to dental brushing among Iranian adolescents [J]. Psychology, Health and Medicine, 17 (2): 176-187.

Peeters P. 2007. Tourism and Climate Change Mitigation, Methods, Greenhouse Gas Reductions and Policies [M]. Breda: Breda NHTV.

Perobelli F S, Faria W R, De Almeida Vale V. 2015. The increase in Brazilian household income and its impact on CO_2 emissions: Evidence for 2003 and 2009 from input-output tables [J]. Energy Economic, 52: 228-239.

Preacher K J, Hayes A F. 2008. Asymptotic and resampling strategies for assessing and comparing indirect effects inmultiple mediator models [J]. Avior Research Methods, 40 (3): 879-891.

Proops J L. 1996. The life time pollution implications of various types of electricity generation. An input-outputanalysis [J]. Fuel and Energy Abstracts, 24 (3): 229-237.

Raaij W F V, Verhallen T M M. 1983. A behavioral model of residential energyuse [J]. Journal of Economic Psychology, 3 (1): 39-63.

Raats M M, Shepherd R, Sparks P. 1995. Including moral dimensions of choice within the structure of the theory of planned behavior 1 [J]. Journal of Applied Social Psychology, 25 (6): 484-494.

Reinders A M, Vringer K, Blok K. 2003. The direct and indirect energy requirement of households in the European Union [J]. Energy Policy, 31 (2): 139-153.

Rodrigues J, Domingos T, Giljum S. 2006. Designing an indicator of environmental responsibility [J]. Ecological Economics, (59): 256-266.

Rodríguez-Barreiro L M, Fernández-Manzanal R, Serra L M, et al. 2013. Approach to a causal model between attitudes and environmental behaviour: A graduate case study [J]. Journal of Cleaner Production, 48: 116-125.

Sanches-Pereira A, Tudeschini L G, Coelho S T. 2016. Evolution of the Brazilian residential carbon footprint based on direct energy consumption [J]. Renewable and Sustainable Energy Reviews, 54: 184-201.

Schneider L. 2007. Is the CDM Fulfilling its Environmental and Sustainable Development Objectives? An Evaluation of the CDM and Options for Improvement [R]. Berlin: Report prepared for WWF.

Schultz P W, Nolan J M, Cialdini R B, et al. 2007. The constructive, destructive, and reconstructive power of social norms [J]. Psychological Science, 18 (5): 429-434.

Schwartz S H, Howard J A. 1980. Explanations of the moderating effect of responsibility denial on the personal norm-behaviorrelationship [J]. Social Psychology Quarterly, 43 (4): 441-446.

Schwepker Jr C H, Cornwell T B. 1991. An examination of ecologically concerned consumers and their intention to purchase ecologically packagedproducts [J]. Journal of Public Policy and Marketing, 10 (2): 77-101.

Shi H, Fan J, Zhao D. 2017. Predicting household PM2.5-reduction behavior in Chinese urban areas: An integrative model of Theory of Planned Behavior and Norm Activation Theory [J]. Journal of Cleaner Production, 145: 64-73.

Singh N. 2009. Exploring socially responsible behavior of Indian consumers: An empirical investigation [J]. Social Responsibility Journal, 5 (2): 200-211.

Snelgar R S. 2006. Egoistic, altruistic, and biospheric environmental concerns: Measurement and structure [J]. Journal of Environmental Psychology, 26 (2): 87-99.

Sommer M, Kratena K. 2017. The carbon footprint of European households and income distribution [J]. Ecological Economics, 136: 62-72.

Song H J, Lee C K, Kang S K, et al. 2012. The effect of environmentally friendly perceptions on festival visitors' decision-making process using an extended model of goal-directed behavior [J]. Tourism Management., 33 (6): 1417-1428.

Song H J, You G J, Reisinger Y, et al. 2014. Behavioral intention of visitors to an Oriental medicine festival: An extended model of goal directed behavior [J]. Tourism Management, 42: 101-113.

Sovacool B K, Brown M A. 2010. Twelve metropolitan carbon footprints: A preliminary comparative globalassessment [J]. Energy Policy, 38: 4856-4869.

Stern N. 2007. The Economics of Climate Change: The SternReview [M]. Cambridge: Cambridge

University Press.

Stern P C, Dietz T, Abel T, et al. 1999. A value-belief-norm theory of support for social movements: The case of environmentalism [J]. Human Ecology Review, 6 (2): 81-97.

Stern P C, Dietz T. 1994. The value basis of environmentalconcern [J]. Journal of Social Issues, 50 (3): 65-84.

Stern P. 2000. Toward a coherent theory of environmentally significant behavior [J]. Journal of Social Issues, 56 (3): 407-424.

Sykes G M, Matza D. 1957. Techniques of neutralization: A theory ofdelinquency [J]. American Sociological Review, 22 (6): 664-670.

Taiyab N. 2006. Exploring the Market for Voluntary Carbon Offsets [R]. London: International Institute for Environment and Development.

Tan C S, Ooi H Y, Goh Y N. 2017. A moral extension of the theory of planned behavior to predict consumers' purchase intention for energy-efficient household appliances in Malaysia [J]. Energy Policy, 107: 459-471.

Tanner C, Kast S W. 2003. Promoting sustainable consumption: Determinants of green purchases by Swissconsumers [J]. Psychology and Marketing, 20 (10): 883-902.

Tao Y, Duan M, Deng Z. 2021. Using an extended theory of planned behaviour to explain willingness towards voluntary carbon offsetting among Chinese consumers [J]. Ecological Economics, 185: 107068.

Taylor S, Todd P. 1995. An integrated model of waste management behavior: A test of household recycling and composting intentions [J]. Environment and Behavior, 27 (5): 603-630.

Thompson S C G, Barton M A. 1994. Ecocentric and anthropocentric attitudes toward theenvironment [J]. Journal of Environmental Psychology, 14 (2): 149-157.

Tonglet M, Phillips P S, Bates M P. 2004. Determining the drivers for householder pro-environmental behaviour: Waste minimisation compared torecycling [J]. Resources, Conservation and Recycling, 42 (1): 27-48.

Wackernagel M, Rees W E. 1996. Our Ecological Footprint-Reducing Human Impact on the Earth [M]. British Columbia: New Society Publishers Gabriola Island.

Wallace D S, Paulson R M, Lord C G, et al. 2005. Which behaviors do attitudes predict? Meta-analyzing the effects of social pressure and perceived difficulty [J]. Review of General Psychology, 9 (3): 214-227.

Wan C, Shen G Q, Yu A. 2015. Key determinants of willingness to support policy measures on recycling: A case study in HongKong [J]. Environmental Science and Policy, 54: 409-418.

Wang H C, Zuo R G. 2015. A comparative study of trend surface analysis and spectrum-area multifractal model to identify geochemical anomalies [J]. Journal of Geochemical Exploration, 155: 84-90.

Weber C, Perrels A. 2000. Modelling lifestyle effects on energy demand and relatedemissions [J]. Energy Policy, 28 (8): 549-566.

Webr C L, Matthews H S. 2008. Quantifying the global and distributional aspects of American household carbon footprint [J]. Ecological Economics, 66: 379-391.

Wen W, Wang Q. 2019. Identification of key sectors and key provinces at the view of CO_2 reduction and economic growth in China: Linkage analyses based on the MRIO model [J]. Ecological Indicators, 96: 1-15.

Wiedmann T, Minx J. 2008. A definition of carbon footprint [M] //Pertsova C C. Ecological Economics Research Trends: Chapter 1. New York: Nova Science Publishers: 1-11.

Wiedmann T, Wood R, Minx J, et al. 2010. A carbon footprint time-series of the UK-results from a multiregion input-output model [J]. Economic Systems Research, 22: 19-42.

Wilman E A, Mahendrarajah M S. 2002. Carbon offsets [J]. Land Economics, 78 (3): 405-416.

Yamin F. 2005. The international rules on the Kyoto mechanisms [C] //Yamin F. Climate Change and Carbon Markets: A Handbook of Emissions Reductions Mechanisms. London: Earthscan: 1-74.

Zhang X, Geng G, Sun P. 2017. Determinants and implications of citizens' environmental complaint in China: Integrating theory of planned behavior and norm activation model [J]. Journal of Cleaner Production, 166: 148-156.

Zhang Y, Wang Z, Zhou G. 2013. Antecedents of employee electricity saving behavior in organizations: An empirical study based on norm activation model [J]. Energy Policy, 62: 1120-1127.

Zhao X, Jr J G L, Chen Q. 2010. Reconsidering Baron and Kenny: myths and truths about mediation analysis. Journal of Consumer Research, 37 (2): 197-206.

附录 居民低碳消费行为和碳补偿支付意愿调查问卷

尊敬的女士/先生：

您好！我们正在进行一项关于浙江省居民节能减排的调查，很想倾听您的意见。希望您能抽出一点时间，回答一些问题。本次研究我们采用匿名收集数据方法，仅用作研究用途，不会泄露您的个人信息，请您放心作答。您的支持将是本研究成功的关键，非常感谢您的合作与支持！

1~50题项没有对错之分，请根据实际情况，在相应位置打"√"（附表1）。

附表1 调查问卷（1~50题）

题目	非常不同意	不同意	不确定	同意	非常同意
1. 我愿意少买不必要的衣服					
2. 我愿意小件衣物手洗，大件衣物才使用洗衣机					
3. 购买洗衣机时，我愿意选择节能型洗衣机					
4. 我愿意少吃肉					
5. 我愿意不浪费粮食					
6. 我愿意少喝酒					
7. 住宅装修时，我愿意购买节能环保型材料					
8. 我愿意在夏季空调设定不低于26℃，在冬季不高于20℃					
9. 在家时，我愿意采用节能灯照明，并随手关灯					
10. 我愿意尽量使用公共交通工具出行，如乘公交、地铁等					
11. 我愿意尽量步行或骑自行车出行					
12. 如果买车，我愿意选择小排量汽车或新能源汽车					
13. 我愿意少用一次性物品					
14. 我愿意少用过度包装的物品					

题目	非常 不同意	不同意	不确定	同意	非常 同意
15. 我愿意主动调低电脑、电视的屏幕亮度					
16. 生态环境是脆弱的并且容易受到破坏					
17. 当人类破坏自然环境时，它会产生灾难性的后果					
18. 环境污染对公共健康的影响非常糟糕					
19. 一个地区产生的污染会威胁到其他地区的人					
20. 环境保护类法律限制了我的个人选择和自由					
21. 保护环境将威胁到我的工作					
22. 我认为实施低碳消费可以保护环境					
23. 我认为全球变暖对我、家人和社会来说是个严峻的问题					
24. 我认为热带森林的消失对我、家人和社会来说是个严峻的问题					
25. 我认为自己应该为高碳消费所造成的全球变暖负责					
26. 我认为自己应该为高碳消费所造成的生态破坏负责					
27. 我有责任进行低碳消费					
28. 我愿意为普及低碳消费作出贡献					
29. 我认为每个人都有责任通过避免食物过度包装而保护环境					
30. 我认为每个人都有责任采取行动来保护我们的生态环境					
31. 我会关心城市的环境污染问题					
32. 我购买产品时，会考虑使用它们对环境和其他消费者的影响					
33. 家人或朋友的消费方式影响我的消费选择					
34. 从电视媒体等了解到的绿色消费，使我更愿意购买低碳产品					
35. 在全球变暖的压力下，我会参与到低碳消费行为中来					
36. 我有相关的资源、时间和机会实施低碳消费行为					
37. 我很容易参与到低碳消费行为中来					
38. 如果政府开征碳税，我会更加注重低碳消费					

| 183 |

续表

题目	非常 不同意	不同意	不确定	同意	非常 同意
39. 如果强制规定不能使用碳排放量高的产品,我愿意遵守					
40. 为了避免不必要的惩罚,我愿意采取低碳消费行为					
41. 我会担心环境污染(环境忧虑感),而去实施低碳消费行为					
42. 我是热爱环境的(环境热爱感),而去实施低碳消费行为					
43. 我会厌恶环境恶化以及他人破坏环境的陋习(行为厌恶感),而去实施低碳消费行为					
44. 我会对自己或他人的高碳消费行为感到可耻(行为愧疚感),而去实施低碳消费行为					
45. 我会赞许他人的低碳消费行为(行为赞赏感),而激励自己去实施低碳消费行为					
46. 我会因为觉得实施低碳消费行为可得到他人的赞许感到光荣(行为自豪感),而坚持实施低碳消费行为					
47. 我认为全球气候变暖了					
48. 我认为气候变暖是人类活动造成的					
49. 全球气候变化对环境造成了严重危害					
50. 人类应该行动起来减缓气候变化					

51~64 题项没有对错之分,请根据实际情况,在相应位置打"√"(附表2)。

附表2 调查问卷(51~64题)

题目	从未 做到	偶尔 做到	半数 做到	多数 做到	总是 做到
51. 我很少会买不必要的衣服					
52. 我习惯小件衣物手洗,大件衣物才使用洗衣机					
53. 购买洗衣机时,我选择了节能型洗衣机					
54. 我尽量少吃肉					
55. 我尽量不浪费粮食					
56. 我尽量少喝酒					

续表

题目	从未 做到	偶尔 做到	半数 做到	多数 做到	总是 做到
57. 住宅装修时，我购买的是节能环保型材料					
58. 我在夏季空调设定不低于26℃，在冬季不高于20℃					
59. 在家时，我会采用节能灯照明，并随手关灯					
60. 我经常使用公共交通工具，如乘公交、地铁等					
61. 我经常步行或骑自行车出行					
62. 我很少用一次性物品					
63. 我很少用过度包装的物品					
64. 我会主动调低电脑、电视的屏幕亮度					

65. 为了补偿人类活动给生态气候环境造成的影响，请问您是否愿意为此支付一定费用？（如果不愿意，请跳至第 67 题）。

①愿意；②不愿意。

66. 如果您愿意，假设为了保护生态环境，降低因为各种活动导致的高二氧化碳量，您每月需额外支付____元，您是否能接受？（做完请跳至68 题）。

①接受；②不接受。

67. 如果不愿意，最主要原因是（单选题）：

①本人经济水平较低，无能力支付；

②本人认为已经纳税，不应该再由个人支付费用；

③本人认为应对气候变化应由政府出资，而不是个人；

④本人认为应对气候变化应由企业承担责任，而不是个人；

⑤本人担心支付的费用不能得到有效应用；

⑥本人认为气候变化与个人无关，无须为此承担责任。

68. 您的性别是：____。

①男；②女。

69. 您的年龄是：____。

① 18 岁以下；② 19～24 岁；③ 25～44 岁；④ 45～59 岁；⑤ 60 岁及以上。

70. 您的职业是：____。

①公务员/企事业管理者；②企事业职员；③教师/学生/研究人员；④医护人员；⑤商业/服务业/运输业者；⑥军人/警察；⑦工人/农民；⑧离退休；⑨全

职妈妈；⑩失业者；⑪其他。

71. 您的最高学历是：____。

①小学及以下；②初中；③高中和中专；④大专；⑤本科；⑥硕士及以上。

72. 您的家庭规模是：____。

①1人；②2人；③3人；④4人；⑤5人及以上。

73. 您是否与父母/公婆同住：____。

①是；②否。

74. 您是否与小孩同住：____。

①是；②否。

75. 您的家庭年收入是：____。

①1万元以下；②1万~3万元（含）；③3万~8万元（含）；④8万~15万元（含）；⑤15万~30万元（含）；⑥30万~100万元（含）；⑦100万元以上。

76. 您的家庭年消费总额是：____。

①1万元以下；②1万~3万元（含）；③3万~8万元（含）；④8万~15万元（含）；⑤15万~30万元（含）；⑥30万~100万元（含）；⑦100万元以上。

77. 您觉得自己的收入与当地平均水平相比怎样？____。

①低得多；②低；③差不多；④高；⑤高得多。

非常感谢您在百忙之中抽出时间来填写这份问卷，绿色美好的环境将有您的一份功劳！如果有什么意见或建议可以直接向问卷发放人员提出。再次感谢您的参与！